THE MAGIC OF SPEECH

演讲的魔力

THE MAGIC OF SPEECH

闫伟 闫晗/著

The Magic Of Speech

中国财富出版社有限公司

图书在版编目（CIP）数据

演讲的魔力／闫伟，闫晗著.—北京：中国财富出版社有限公司，2020.6

ISBN 978－7－5047－7162－9

Ⅰ.①演…　Ⅱ.①闫…　②闫…　Ⅲ.①演讲－语言艺术　Ⅳ.①H019

中国版本图书馆 CIP 数据核字（2020）第 088385 号

| 策划编辑 | 张彩霞 | | 责任编辑 | 郝婧婕 | | |
| 责任印制 | 梁　凡 | | 责任校对 | 张营营 | 责任发行 | 董　倩 |

出版发行	中国财富出版社有限公司		
社　　址	北京市丰台区南四环西路 188 号 5 区20 楼	邮政编码	100070
电　　话	010－52227588 转 2098（发行部）	010－52227588 转 321（总编室）
	010－52227588 转 100（读者服务部）	010－52227588 转 305（质检部）
网　　址	http://www.cfpress.com.cn	排　　版	宝蕾元
经　　销	新华书店	印　　刷	北京京都六环印刷厂
书　　号	ISBN 978－7－5047－7162－9/H・0158		
开　　本	710mm×1000mm　1/16	版　　次	2020 年 7 月第 1 版
印　　张	12.75	印　　次	2020 年 7 月第 1 次印刷
字　　数	196 千字	定　　价	48.00 元

序
PREFACE

如今，演讲已经风靡世界。除了世界各地组织的各种演讲比赛外，与演讲相关的口才训练也是当下十分火爆的训练门类。许多人开始重视口才，希望通过演讲的方式锻炼并提升自己的口才，让自己掌握一套讲话的本领。我们人生中的很多时间都在说话，会说话不但能提升个人魅力，还能提升"说服"对方的能力。简而言之，演讲是一门艺术，也是一门功能性很强的技术。

有人问："难道人人都要学习演讲吗？演讲真的有价值吗？"记得有一个年轻人，来演讲培训机构之前，他非常自卑，与我对话的时候，甚至连看我眼睛的胆量都没有。在我的鼓励下，他终于开口说话了。但是他存在一个问题：讲话逻辑不严谨，甚至有一点儿口吃。他告诉我："老师，我刚刚丢了工作，丢工作的原因是，我总是无法跟客户做好沟通。我发现自己嘴巴特笨，心里想到的话，说出来总是组织不到一起去。"

在我的建议下，他开始练习演讲。他给自己制订了半年的学习、练习计划，每天晚上七点，他会准时出现在训练营里进行训练。第一个月，他吐字变得清晰，音调、音色都有了变化。第二个月，他讲话的"条理性"明显有了改善，讲话有了逻辑就具备说服对方的能力了。第三个月，他讲话的"节奏感"已经非常好了，甚至可以在舞台上进行为时 5～10 分钟的演讲。第四个月，他的气质也发生了变化。以前那种不自信的状态被一扫而空，取而代之的是自信。那个时候，他已经不惧怕任何观众的眼神了。第五个月，他开始接触并学习礼仪，不仅学会了穿衣打扮，而且能够熟练地运用肢体动作。第六个月，他选择结业，然后试水了一家世界五百强企业的招聘会。令人惊讶的是，他不仅找到了一份好工作，如今已经是该企业的新闻官了。

演讲有用吗？无数事实证明，演讲太有用了。沟通离不开口才，开会离不开口才，演讲离不开口才，营销离不开口才……口才是人的"第一"技能，开口讲话是人区别于其他动物的一个标志。会说话的人总是能够得到机会，不会说话的人总是错过好机会。在这本书里，我们将从三个方面帮助你通过"自学"的方式获得一副好口才，实现演说家之梦。

第一方面，演讲的价值。演讲具有很强的功能性，自然有其巨大的价值和意义。演说家们通过演讲宣扬了自己的精神意志，提高了自己的社会影响力，为自己谋得好处。主持人、讲师等语言工作者更加离不开这项本领。

第二方面，演讲的准备。子曰："工欲善其事，必先利其器。"演讲者想要在演讲时有更好的呈现，不仅需要精心备稿、调整心态、不断进行试讲，还要为自己选择一身得体的服装。

第三方面，演讲的内容。一个人的演讲水平如何，主要在于演讲的内容是否吸引人。因此，本书将手把手地教你如何开场，如何破冰，如何让自己的肢体语言更加合理，如何提高声音魅力，如何营造现场气氛，如何在众人面前呈现精彩的故事。如果可以面面俱到，就能够做好演讲。

本书实用价值较高，几乎涵盖了与演讲、口才相关的一切重要的内容。喜欢演讲或者正在从事与"口才"相关的工作的朋友们可以人手一本，居家自学。与此同时，还要感谢中国财富出版社的鼎力支持，让这本书能够与读者朋友们见面。

目录

PART 3 ｜ 演讲的内容

PART 3 | 演讲的内容

PART 3 演讲的内容

THE VALUE
OF SPEECHES

演讲的价值

第一章　演讲的价值与意义

1

风靡世界的 "演说家"

　　如果有一副好口才，而且能够在众人面前展示自己的这种才华，会不会给自己带来一种极大的成就感呢？拥有好口才的人，或者能够在某个舞台上展示自己风采的人，他们是非常自信的。俗话说："成功源于自信。"一个自卑的人，不仅找不到自己，而且无法取得成功。一个思路清晰、逻辑缜密、表达富有激情的人，往往能够从生活中找到乐趣与智慧。有一个机构曾经做过一个统计，89%的演说家有自己成功的事业和幸福的家庭。还有一位演说家通过不间断的 "演说" 获得了大量的粉丝，并且给自己创造了巨大的财富。总之，无论从精神角度出发，还是从物质角度出发，练就一副好口才，把自己培养成出类拔萃的 "演说家" 是百利而无一害的。

　　众所周知，英国前首相丘吉尔也是一位伟大的演说家。丘吉尔曾经在美国哈佛大学有过一场名为 "伟大的代价就是责任" 的演讲，这一次演讲不仅展示了丘吉尔的思想，而且向社会传递了一种价值观，引起了巨大的社会反响。事实上，丘吉尔的从政生涯离不开演讲。

"二战"期间，丘吉尔为了给前线的战士鼓气，采取的就是慷慨激昂的演讲方式。他曾经在前线上这样激励战士们："尽我们的全力，尽上帝赋予我们的全部力量去作战，对人类黑暗、可悲的罪恶史上空前凶残的敌人作战。"丘吉尔的演讲时间并不长，但充满了精神力量。获得激励的战士们也能够在战场上扫去恐惧带来的阴霾，与敌人顽强战斗。

除了激励战士之外，丘吉尔还是一个非常仁慈的人。他非常尊重和爱护平民百姓。"二战"期间，英国遭到德军的空袭。因此有内阁大臣建议，在英国扩建军用机场。这个提议得到了会议全员的通过，但是在扩建军用机场的时候，他们却发现了一个问题：需要拆掉居民的房子才能够扩建机场。此时有人提议：勒令居民搬迁。听到这样的建议，丘吉尔大为光火，他说：如果对这些居民采取暴力拆迁，那我们与纳粹分子又有什么区别？

丘吉尔是伟大的政治家，也是一名出色的演说家。在著名的"铁幕演说"中，丘吉尔说过这样一段话："兄弟般的联合不仅要求我们两个庞大的、有血缘关系的社会制度之间存在着日益增长的友谊和相互谅解，而且要求双方军事顾问继续保持密切的联系，以便共同研究潜在的危险。武器的异同，训练的教材，以及在军事院校互换军官和学员的问题。它还应包括联合使用两国在世界各地掌握的所有海空基地，使现有的设施继续用于共同安全的目的。"

铁幕演说不仅展示了英国的意愿，也替美国说了想说而没有说出的主张，另外也向苏联发出了"冷战"信号，并由此拉开了"冷战"的序幕。铁幕演说是一场精心策划的"政治阴谋"，但是不得不说丘吉尔的演说起到了巨大的作用。甚至可以这样认为：一场精心策划的演讲改变了人类的历史。

除了丘吉尔之外，卡耐基也是一名伟大的演说家。在我国，许多节目主持人或者口才出众的人都非常推崇卡耐基。卡耐基不仅是一名演说家，他还通过演说推崇自己的"成功思想"，教导人们学会人际沟通和处理压力的技巧。

阿里巴巴的创始人马云通过"演讲"的方式不仅扩大了自己的影响力，而且将自己的精神传递给创业者。事实上，演说家俨然在影响着世界，而伟大的演说家甚至像伟大的思想家那样影响着人类历史的发展。

2

演讲是一种能力的体现

一个擅长演讲的人，总能够吸引大量粉丝。在我看来，许多人通过演讲的方式变成了"明星"。一个擅长演讲的人往往具有严谨的逻辑表达能力和故事呈现能力。有一个品牌策划专家说："一个擅长讲故事的人才能够让自己的价值得到体现。"演讲是一种能力，就像一个人会开车、会做饭一样。

有一个女生叫张小美，来自农村，是一个非常自卑的女孩。大学毕业后去了一家外企，自卑的性格总是让一些人瞧不起她。张小美有一个闺密，有一次闺密请小美去做美容，做美容的时候闺密对她说："小美，其实你很漂亮，真的。你应该自信一点儿，锻炼一下自己的口才。如果你能够在众人面前展现自己，就能够赢得尊重，建立自信。"

张小美接受了闺密的建议，之后报名参加演讲培训班学习演讲。张小美非常刻苦，进步飞快。几个月后，张小美参加了公司组织的演讲比赛，她演讲的题目是"我的春天"。当张小美站上演讲台的时候，许多人都不敢相信自己的眼睛，甚至有人暗讽："等着瞧吧，她肯定会丢人现眼的。"张小美深吸一口气，然后开始了自己的演讲。没有想到，张小美的演讲非常成功，几乎所有的人都为她起立鼓掌。

演讲的成功也带来了一个自信的张小美。由于她口才出众，表达能力强，公司老板将她调到业务部门从事营销工作。事实上，营销工作不仅十分锻炼人，还给张小美提供了展示自己能力的平台。有一次，公司的一名客户经理与客户发生了纠纷，公司派张小美去处理这件事。张小美通过口才训练也掌握了一种谈判的本领，因此很快就解决了问题，给客户一个圆满的交代。后来，凭借良好的口才和"演讲的本领"，张小美升职为公司的区域市场总监。此时的张小美成功蜕变，她再也不是丑小鸭，而是一只漂亮的白天鹅。

演讲给张小美创造了机会，让张小美找到了真正的自我。众所周知，许多谈判高手或者综艺主持人都有这样一套本领，那就是"靠嘴巴"发财的本领。有些人靠三寸不烂之舌打动客户，有些人完全靠嘴巴做生意。事实上，人的一生有三分之一的时间在说话，说话就是一件特别重要的事情。会说话的人总是能够"变被动为主动"，会说话的人总是能够给他人留下好印象。

美国心理学家雅克布松说过一句话："语言本身蕴含着巨大的能量，可以帮助解决情感表达的问题。"如果一个人懂得演讲，也就能够解决这样的问题。一个人的"情感"能够左右自己的行为，一个能够妥善处理自己情感的人，也就能够依照一种科学的逻辑去正确处理事情。显然，许多人通过演讲强化了自己的逻辑，让自己的情感能够有效地、准确地表达出来。美国政治家丹尼尔·韦伯斯特这样说："如果有一天神秘莫测的天意将我从这里把我的全部天赋和能力夺走，而只给我留下选择其中一样保留的机会，我将会毫不犹豫地要求将口才留下，如此一来我将能够快速恢复其余。"

现代社会中，人与人之间的关系更加紧密。那么，人与人之间的关系应该如何去维持呢？有人说："只有待人真诚，才能够得到对方的真诚对待。"虽然做人真诚很重要，但是会说话更重要。对待自己的亲人，对待自己的朋友，对待自己的上司或者客户，都需要用不同的话语去打开对方的心扉。想要让对方接纳你，就要学会一种说话的本事。美国历史上第一位黑人总统奥巴马的好口才帮他走进了白宫；阿里巴巴创始人马云能够获得无数人的喜欢，很大程度上也得益于说话的本事。2019 年 9 月，马云在云栖大会上又表达了自己的思想和看法，并引起了强烈的社会反响。试想一下，如果一个人连话都说不明白，又如何得到有效的回应呢？可见，一副好口才是多么重要。

3

演讲具有的五大价值

古代毛遂："一人之辩，重于九鼎之宝，三寸之舌，强于百万之师。"口才是非常有用的技能。有人说："一个人的成功 85% 是靠他的人际沟通和演说能力，只有 15% 跟他的专业技能相关。"

一个海归博士有一项专利，这项专利能够给他带来丰厚的利润。于是，他想要开一家公司。众所周知，开公司需要资金，但是他并没有足够的资金，这该怎么办呢？想要解决资金问题，只有两个办法：贷款和借钱。如今，商业银行的钱不好贷，而且门槛很高，还需要验资。因此，海归博士只有一个办法：借钱。

借钱是难办的一件事情，一方面借钱人难以开口，另一方面难以得到对方的信任。海归博士有个想法：只要有人借钱给我，我就给他股份，赚了钱大家一起分。表面上看，这件事应该可以做到，当叩开亲戚朋友的家门时，他才发现：游说对方是非常困难的。首先，他不知道如何开口；其次，他的语言组织能力非常一般，甚至无法把事情解释明白。就在这个时候，海归博士遇到一个年轻人，这个年轻人有非常好的口才，并且对海归博士说："如果我能够成功游说大家完成融资，我想拿到公司 10% 的原始股份。"

海归博士知道自己的强项和弱项，强项在于研究与开发产品，弱项在于沟通、交流。因此，海归博士答应了年轻人。这个年轻人并没有采取"敲门法"逐个去借钱，而是做了一个 PPT，然后在许多平台上公布了"发布会"计划。令人没有想到的是，发布会当天来了许多"投资人"。发布会上，年轻人开始了精彩的讲解，并现场展示专利产品的使用方法。有投资人向年轻人提问："盈利点在哪里？"

年轻人巧妙运用"心理战术"讲解产品的盈利点，并打动了在场的不少投资人。令海归博士万万没有想到的是，年轻人成功解决了融资问题，海归博士顺利开办了公司，购买了设备，建设了厂房。这位年轻人成了这家公司的运营总监。也有一些员工质疑："他没有什么学历和背景，怎么当上运营总监的？"海归博士解释道："如果没有他的发布会，也就没有现在的企业。"

股神巴菲特年轻的时候非常惧怕社交，且口头表达能力不足，这一度影响到了他的事业。为此，他决定上演讲培训班锻炼自己的口才，弥补不足。巴菲特说过：我曾经很害怕发表公开演讲。如果我必须这么做，你无法想象我的表现和样子。我非常恐惧，以至于我就是做不好。我想放弃。实际上，我安排自己的生活，好让自己无须被迫在任何人面前起身说话。当我毕业后回到奥马哈，我看到了另一则广告。我知道有时候我得在人前发言。我极度苦恼，结果就报名参加了一门课程，就是为了摆脱这种痛苦。最终，巴菲特锻炼了自己的口才，让自己的综合能力得到了提高。晚年的股神巴菲特还说过这样一句耐人寻味的话：演讲可以让一个人的身价增长 50%。

巴菲特的经历告诉我们，学会演讲、拥有好口才对人生大有益处。

总体来说，演讲具有五大价值。

一、 解决沟通的问题

人与人之间需要沟通，没有沟通也就不会产生人际关系。许多人人际关系差，多半并非是个人的性格问题，而是缺乏一种"自我表达能力"。很显然，会演讲的人能够很好地表达自己的想法，并且说出对方爱听的话，从而解决沟通的问题。

二、 提高自信心

众所周知，许多演说家和主持人超级自信，并且能够展示出良好的气质。如果一个人善于演讲，并且能够不惧怕各种舞台和场合，也就能够驱赶走不自信带来的阴霾。

三、 培养一种能力

演讲本身就是一种能力，在当下社会，人人都需要这种能力。会演讲的人能够获得良好的社会关系和社会地位，而且凭借这种能力也经常能够得到贵人们的帮助，从而获得成功。

四、 提升自我价值

前面我们讲道，一个年轻人通过自己的口才帮助海归博士实现了创业梦，而自己也拿到了公司 10% 的股份，身价倍增。可见，掌握一种"演讲"能力可以提升自我价值。

五、 带来人生财富

除了上述四种价值之外，演讲还可以为人生带来财富。演讲可以增加一个人的影响力，可以倍增很多机会，带来一些顶级资源，拓展高端人脉，从而增加超级财富。

不管如何，演讲是一种能力，能够帮助并挖掘出一个人的潜在能力，让一个人更好地融入社会，并快速提升个人影响力与自我价值。

4

演讲的目的和作用

通常来讲，一个人的动机决定着他的目的。

古时候有一个人，他有一个想法，想要去官府里面做参谋，给官老爷提供一些点子。众所周知，一个人想要做官，只有两条路可走：第一条，考试。如果考中了进士，自然就能够进城做官。第二条，借助仕途方面的关系，或者用金钱贿赂当官的人，也可以获得一官半职。但是这个人既没有考试的本领，也没有仕途方面的关系，他是怎么做的呢？

他在官府所在地的附近找了一个地方，这个地方就是他的"演讲"舞台。每天中午过后，这个人就会出现在这个演讲舞台上进行演讲，演讲的主题与当下的热点"新闻"有关。刚开始，并没有多少人来听他的故事，久而久之，他的口才和学识便引来一群人观看。

有一年，该地方因洪涝灾害引发瘟疫。瘟疫带来了许多严重问题，而官府的官老爷也没有什么好办法。此时，官老爷身边的一个佣人告诉他："官府旁边有一个人仿佛有一些见识，您想不想去听一听？"官老爷没有什么好办法，于是就去听这个人的演讲。

没有想到，这个人不但口才一流、逻辑缜密，而且说得头头是道。官老爷便上台邀请这个人去他的府衙做客。席间，官老爷说："对于现在的问题，你还有什么见解？"此时，这个人觉得好机会来了，于是便向官老爷提出要求："如果您觉得我的办法管用，就让我留在您身边做事吧。"官老爷说："如果你能够解决问题，我就答应你。"

俗话说：机会是留给有准备的人的。这个人不仅早有准备，而且有一整套计划。他不但去各地游说，安抚灾民情绪，而且还说服了一部分存粮的大财主开库赈灾。不到半个月，紧张的民情得到缓解，而疫情也逐渐好转。此时，这个人也得到了官府的一纸聘任书，如愿做了参谋。

现实中，这样的案例并不少。笔者曾经有一个同学，大学毕业后分配到某大型国企从事行政工作。行政工作是很枯燥的，他平时负责文案和档案管理工作，几乎没有抛头露面的机会。于是他想，利用公司举办的演讲比赛，通过获奖的机会向公司老板提个要求：去营销部门工作。后来，笔者的这位同学如愿以偿了，演讲比赛他拿到了第一名，并且以此为契机，去了营销部门。他说："我的性格比较外向，喜欢外事交流工作，营销工作不仅适合我的个性，而且能够不断挖掘我的潜能。"

演讲的目的和作用主要有三点：

一、 实现自己的理想

几乎每个人都有自己的梦想，就像马丁·路德·金的著名演讲《我有一个梦想》中所说的那样。如何才能够实现人生之梦呢？有的人通过学习，一步一步提升自己的学历，借助学历敲开用人单位的大门；有的人通过培养、提升自己的技能来打动用人单位；有的人则像上面故事中讲的那样，用演讲的方式吸引用人单位或者伯乐的注意，从众人中脱颖而出。事实上，拥有一副好口才，能够在众人面前展示自己的语言表达能力是非常有价值的。

二、 改变听众的态度

通过语言表达改变听众的观点，让听众接受你的看法，并允许你去做自己想做的事情，这是演讲的作用之一。有一个女白领，她在某公司从事产品设计工作。有一次参展，她发现了一款新产品，并有了新的设计灵感。回到公司，她将此事汇报给董事长，但是董事长告诉她："新产品研发必须通过集体决议才行，你得说服所有的董事会成员。"女白领组织了一场新产品"概念"发布会，以现场演讲的方式说服了在场所有的人。演讲现场她口齿伶俐，逻辑缜密，赢得了一片掌声。

三、 得到团队支持

我们常常听到一些领导无奈地说："人心散了，队伍不好带了!"是啊，人心散了，确实难以带动队伍去工作了，没有团队凝聚力，很多事也就无法完成。因此，有些负责人或者管理者通过"誓师大会"或者"促进会"等方式给团队成员打气，激发团队成员内心的小火山，从而得到了团队成员的响应与支持。

除了上述三种目的和作用之外，演讲还有一项重要的功能，那就是拉近演讲者与听众之间的距离。

第二章　演讲的两大法门和三步进阶

法门一：　用心学习

没有一个人天生就会学习，更没有谁一出生就会说话。任何时候，人都要去学习，学习可以帮助人们提升认知，也让人们能够掌握可靠的本领。钢琴家一定学过钢琴，作曲家一定学过作曲，演说家一定学过演讲。

有人说："许多演说家没有从事过与演讲相关的职业，他们为什么能够站在演讲台上自由发挥、潇洒自如呢？"事实上，那些口才一流的人，日常会不停地锻炼自己的口才，他们通过不间断地学习，掌握了大量的、可以脱口而出的知识和论点。

伟大的思想家歌德曾说："我们全都要从前辈和同辈学习到一些东西。就连最大的天才，如果想单凭他所特有的内在自我去对付一切，他也绝不会有多大成就。"天才的"天赋"只够应付某个瞬间，而不足以支撑一个时辰。用心学习，大量阅读，对演讲者极其重要。

有一名企业培训师叫严浩，他很年轻，却能在全公司两千名员工的面前进行公开的讲课。他说："我的成功在于学习。"

企业培训师要讲的培训课程非常多，有营销课、安全课、管理课、制度课等，每一堂课都要精心准备。严浩说："刚刚进公司的时候，我还非常稚嫩。虽然我的口才挺好，但是仅仅会说话是没有用的。"

后来，严浩认识了一位老师，这位老师对他的帮助很大。严浩当着老师的面试讲，讲完了之后，老师对严浩说："你的口才不错，但是整堂课没有太多实质性内容……也就是说，你的理论知识稍显单薄了。想要给学生奉献一堂精彩的课，就要做回'学生'，不断学习，不断充实自己。"

严浩接受了老师的建议，制订了学习计划，每天晚上拿出两个小时的时间"恶补"！为了讲好营销课，他购买了大量的专业营销书籍，将书中有价值的营销思路和营销策略记录下来，消化并形成自己的营销思路和策略。为了讲好安全课，他还报名参加了学习班，听安全专家的课程；为了讲好管理课，他报名参加了总裁班，学习总裁管理经验。总之，严浩为了当一名优秀的企业培训师，付出了很多心血。他的口号是：学习，学习，再学习。

严浩说："如今很多企业都在打造学习型企业，把'学习'当成企业文化的一部分。通过学习，我们掌握了技能，拥有了经验，充实了自己。我是一名培训师，可以给学员们呈现出很多精彩的、有价值的东西。为什么许多学员不认真听课？因为他们觉得你的课没有价值！"

价值从何处来？价值不是平白无故产生的。价值一半来自书本，另一半来自学习后的感悟。

教育家陶行知认为："生活、工作、学习倘使都能自动，则教育之收效定能事半功倍。所以我们特别注意自动力之培养，使它关注于全部的生活工作学习之中。自动是自觉的行动，而不是自发的行动。自觉的行动，需要适当培养而后可以实现。"演讲者需要主动学习，而不是被动"恶补"，养成一种爱学习、爱求知的好习惯，把学习当成一生需要做的事情。俗话说："活到老，学到老！"学习使人进步，学习也使人快乐。那些眼睛里闪着智慧的火花的演讲者，总能吸引一大批粉丝和跟随者。

孔子一生"演讲"无数，他的演讲可谓"头头是道"，听过的人无不竖起大拇指。孔子一生不断地学习、读书，他的思想是在前人思想的基础上进行了拔高。"三人行，必有我师焉"，孔子总能够发现他人的优点，并谦虚地学习，使自己得到进步。

对于演讲者、讲师、老师、主持人等靠嘴巴工作的人而言，学习尤其重要。他们在舞台上呈现的内容与掌握的知识相关。有一位主持人曾说："观众喜欢那些'干货'，希望你能够用有趣的语言表达出来；观众不喜欢枯燥乏味的东西，更不喜欢空洞的东西。"

苏联数学家斯米尔诺夫说过一句有哲理的话："天才不能使人不必工作，不能代替劳动。要发展天才，必须长时间地学习和高度紧张地工作。人越有天才，他面临的任务也就越复杂，越重要。"

2

法门二： 积极参与

积极参与也可以理解为"实践"。俗话说：实践出真知。任何理论都需要实践，没有实践也就没有了检验真理的标准。有一位哲人说："光有知识是不够的，还应当运用；光有愿望是不够的，还应当行动。"关于积极参与的"成功"案例很多，讲师周赞就是一个典型代表。

周赞是工商管理硕士，有十年的企业管理经验，后来辞职进入一家教育机构，成为一名讲师。他的学员是小微企业的老板。

周赞为什么想要做讲师呢？用他的话说："生命不休，挑战不止！"人生需要不断挑战，而讲师的工作是他最想做的。作为一名思想输出者，周赞需要不断提升自己的综合能力。周赞说："在我看来，一名讲师要积极参与四件事。"

第一件事：积极参与知识更新的活动。

前面我们讲到学习的重要性，不断学习是完善知识体系的主要方式。一名讲师必须要积极参与知识更新的相关活动，这些活动有自学、上培训班、通过考试提升学历等。

许多人认为，学习并不是一项实践活动。事实上，学习是一种非常有价值的实践活动。许多人通过学习掌握了知识与本领。孔子说："学而时习之，不亦说乎?"学习是一件令人开心的事情。学习能够不断更新自己的知识体系，让自己保持竞争力。

第二件事：积极参与有意义的交流活动。

事实上，讲师这个行业经常有"同行"之间的交流活动，参加这样的活动是非常有意义的。周赞参加过大大小小的交流会多次，他的感触是："每个讲师都有自己的经验，他们对'站讲台'这件事的理解不同，每个人都有自己的特长和感悟，有些感悟能对你起到'点化'作用。"

除此之外，积极参与交流活动具有开阔眼界的意义。每个人都有局限，这种局限总会阻碍发展。周赞认为："每个人的理论体系不同，虽然不同但又有相互关联的地方。你听到了新观点，就拓展了思想的'疆域'。"总之，积极参加有意义的交流活动对自身大有益处。

第三件事：积极参与"讲师—学员"间的交流活动。

有人说："我喜欢的老师是这样的，他低调和蔼，总能跟学员们打成一片。"一名优秀的讲师一定会与学员交流，甚至参与到学员们的学习实践活动中，了解学员的内心，从学员的身上学习他们的优点，找到一种更积极的沟通方式。现实中，有些讲师给人一种高高在上的感觉，一点儿也不亲民。学员们不但不喜欢这样的老师，甚至会讨厌老师。

在周赞看来，积极参与"讲师—学员"间的交流是非常有意义的实践活动。周赞有空的时候，常常会去学员群体中走一走，跟学员们聊聊天，或者一起玩玩游戏之类的，融入他们的圈子。讲师如此，演讲者也是如此。笔者所认识的厉害的演讲者，有的是企业家，有的是主持人，也有的是某个方面的权威人物。这些人都很积极地参与听众的日常活动。从生活中汲取能量，再将这种能量缓慢释放到自己的演讲和课堂中。

第四件事：积极参与"健康心理"活动。

讲师讲课也体现了心理活动。一名优秀的讲师或者演讲者，一定是内心健康、阳光的人。健康心理的活动类型有很多，公益活动就是其中一项。周赞说："我非常推崇讲师去参加这一类活动，公益活动能够锻炼人，让人的灵魂永远不枯萎，让人能够保持感恩的心。"讲师要感恩自己的学员，演讲者要感恩自己的听众，主持人要感恩观众为自己提供的主持舞台……感恩就是一种"健康心理"。

还有一些讲师积极参与各种"心灵"活动，获益良多。有一位讲师说："参加了一次'瑜伽之行'，我觉得自己的'灵性生命'有了成长。"灵性生命的成长让这位讲师的心灵再一次得到救赎，而那种"感动"将会净化自己，让自己珍惜、爱护来之不易的讲台。

如果我们的老师、讲师、培训师、演讲者、主持人等都能够积极参加以上四种实践活动，将会极大地提升演讲能力。哲学家克罗齐认为："人类用认识的活动去了解事物，用实践的活动去改变事物；用前者去掌握宇宙，用后者去制造宇宙。"

3

第一步进阶： 明确方向

时间是有方向的，生命也是。人生是一个"行进"的时间轴，十岁与二十岁不同，二十岁与三十岁不同，三十岁与四十岁不同……每一个年龄阶段，人都要给自己设定一个目标。

有的人在二十岁左右设定的目标是：考上一所好大学。明确了方向，这个人会向着目标努力向前，最终有所收获。有的人在三十岁设定的目标是：拥有一份好工作。经过自己的打拼，大多人也能实现。有的人在四十岁设定的目标是拥有令人羡慕的薪水，有的人在五十岁设定的目标是退休后享受生活……做任何事都要有目标，没有目标和方向的船永远上不了岸。布兰德在《一生的计划》中写道："成功就是一个人事先树立的、有价值的目标被循序渐进地变为现实的过程，这一过程因平衡而得以坚固，因信念而具有意义。"成功的第一要素是方向感，指的也是正确的目标定位，即要根据自己的天赋或独特优势，为自己确立一个有价值的、可以逐步实现的目标。

明确方向也是演讲者的"第一步进阶"。有一句很有趣的话："一个人没有梦想，和咸鱼有什么区别？"某个时候，梦想就是方向。一名优秀的演讲者一定是有梦想的人，那么，一名优秀的演讲者在追寻梦想的道路上会制订怎样的目标呢？

一、语言目标

演讲者的演讲需要借助嘴巴，通过语言来呈现，语言是连接演讲者与听众的桥梁。因此，优秀的演讲者们常常给自己设定这样的语言目标：吐字清晰的目标，表达流畅的目标，声音出色的目标，逻辑缜密的目标、抑扬顿挫的目标。

二、形象目标

良好的形象是一名演讲者的必备条件。许多爱看演讲节目的朋友都知道，演讲者们不仅口才了得，而且有干净干练的舞台形象。演讲者、讲师、培训师的个人形象非常重要，需要为自己制订一个"形象目标"。

三、 知识目标

前几年流行一个词"恶补",生活在快节奏的今天,每个人都要设置一个"恶补计划",利用自己有限的时间积累足够多的知识。知识相当于一种"病毒",这种"病毒"能够产生裂变,让一个知识小白变成知识达人。许多人喜欢听易中天先生讲"三国",是因为易中天教授学识渊博,听众总能听到自己没有听过的东西。大家希望在演讲中听到"干货",因此,演讲者为自己制订一个"知识补充计划"是非常有必要的。

四、 情绪目标

有一些年轻人非常毛躁,即使从事了演讲、教学等方面的工作,这样的"急脾气"依然改不掉。优秀的主持人、演讲者拥有过硬的心理素质,他们总能掌控自己的情绪。如果一个人的情绪失控,整个会场或者舞台也会失控。如今,许多讲师报名"情绪课"学习如何控制自己的情绪,如果情绪能够得到很好控制,想必也会提升课堂的呈现力和现场的控制力。

五、 吸引力目标

一个人想要在舞台上赢得掌声,就需要有足够多的吸引力。畅销书《吸引力法则》中有这样一句话:所有美好的思想都是强有力的,所有负面的思想都是脆弱无力的。因此,阳光与乐观就是魅力的源泉……因为没有观众想要看到一张苦瓜脸。《吸引力法则》中还有一句是:爱是宇宙中最伟大的力量,爱的感觉是最高的频率,如果能爱所有的事物和人,你的生命必将转变!让听众和观众感受到你的爱与真诚,你的魅力也会随之扩散开来。我们的演讲者们,你们完全可以给自己制订一个吸引力目标,提升自己的魅力。

歌德说:每走一步都走向一个终于要达到的目标,这并不够,应该每一下就是一个目标,每一步都自有价值。

第二步进阶： 寻找方法

人的一切行为和活动，都离不开经验和方法。掌握方法的人，做事更加科学、高效。有人问："难道演讲也需要掌握方法吗？"任何行业都有方法，方法是技能，也是科学思维的运用。从某种程度上讲，找到方法也就找到了通向成功的道路。叶圣陶认为：培育能力的事必须继续不断地去做，又必须随时改善学习方法，提高学习效率，才会成功。

寻找方法也是演讲的第二步进阶。对于那些刚刚进入演讲队伍的人而言，如何才能找到方法呢？

第一步，要给自己定位。

个人定位是重要的环节，自我定位也是一种自我认识。有一个年轻人口齿不清，他认为自己在语言方面的天赋很一般，想要提升自己的语言能力，就必须改掉口吃的毛病。他有一个很清晰的定位，基于自己的实际情况，很明确自己第二步该做什么。

第二步，要给自己定方向。

定方向是寻找方法的前提，明确了方向才能寻找"交通工具"。比如，有个人想要去西藏，而他居住在北京。北京到西藏有几千公里，步行会非常耗时，骑自行车也不是很靠谱、很方便的。通常来讲，需要乘坐火车或者飞机等，这可以大大缩短旅途时间。不管如何，大前提是设定方向。有一名演讲者的人生目标是成为顶级演讲家，也有一些讲师的目标就是做普通讲师……不同的目标、不同的方向决定了采用的方法不同。

第三步，建立一种习惯。

从某种程度上说，良好的习惯就是一种方法，或者是一种"类方法"。对于演讲者而言，培养一些好习惯特别重要。首先，养成爱学习的习惯。学习的重要性不需要再次强调了，长期学习可由量变引起质变。俗话说："熟读唐诗三百首，不会作诗也会吟。"许多方法都是从好习惯中萃取并提炼出来的。其次，养成复盘的习惯。不管做任何事，不论成败，都要去复盘。复盘的目的就是总结经验、教训，总结工作的过程就是寻找方法的过程。最后，养成思考的习惯。孔子说："学而不思则罔，思而不学则殆。"时刻思考，时刻消化所学的知识，才能把知识内化为自己的东西。如果养成了爱思考的习惯，寻找方法就不在话下了。好习惯决定人生，即使不是讲师、主持人，从事其他行业的人也要养成良好的生活习惯和工作习惯。好习惯不仅是一种"惯性"，更是一种良性的循环状态。

第四步，形成一种方式。

如果演讲者能够形成一种处理事情的合理方式，他距离成功也就不远了。处理事情的方式来源于一个人的习惯和行为特点，能体现一个人的性格、爱好、审美情趣等。方式的形成是习惯与实践的结合，它具有检查、指导的意义。

如果演讲者们能够坚持以上四步，就能找到适合自己的演讲方法。卡耐基说过："将自己的热忱与经验融入谈话中，是打动人的速简方法，也是必然要件。如果你对自己的话不感兴趣，怎能期望他人感动。"寻找方法并不是一件很简单的事情，它需要一个人长期坚持不懈地努力。其中，坚持不懈的精神是演讲的"第三步进阶"，我们用单独一节去阐述。著名的地质学家李四光认为：观察、试验、分析是科学工作常用的方法。其实，他是在告诉大家，日常观察、大胆尝试、反复分析与论证的价值和意义。

5

第三步进阶： 坚持不懈

有一句话讲，成功在于坚持不懈。或许也有一些人侥幸获得成功，但是这样的低概率事件不会光顾每一个人。坚持不懈适用于任何人，成功没有捷径可走。坚持不懈并不是一锅"鸡汤"，而是踏踏实实做好每一件事，以"坚持"作为后盾，推动梦想的实现。坚持不懈是一种精神，也是一种境界。达尔文说过："我之所以能在科学上成功，最重要的一点就是对科学的热爱，坚持长期探索。"而歌德则认为："向着某一天终于要达到的那个终极目标迈步还不够，还要把每一步骤看成目标，使它作为步骤而起作用。"

有一位年轻主持人叫徐欣，他的外在条件并不是很好，个子不高，相貌也不出众，放在人群里也就是一个普通人。但是徐欣有一个梦想——成为一名优秀的主持人。

为了实现自己的梦想，徐欣上学的时候就非常刻苦，后来考上了广播学院的播音主持专业。"能够接受专业的学习和训练，是我人生中最重要的经历。"徐欣说。虽然他的自身条件不好，但是刻苦学习给他带来了改变。他的学习成绩一直名列前茅，大学毕业后去了一家电视台工作。

刚到电视台的时候，主管找他谈话，希望他从基础做起，而不是一开始就做主持人："目前台里不缺主持人，实在是没有机会给你。你先在台里做一些文书方面的工作，其他的以后再说吧！"

徐欣并没有气馁，他一边做自己的工作，一边继续训练、学习。在做文书工作的时候，他认识了很多一线主持人，并且向他们学习。有一个老主持人觉得他有潜力，于是收他为徒。闲暇时间，老主持人经常锻炼他，并且指导他如何训练，如何控制台风。久而久之，徐欣掌握了一些舞台主持经验。

徐欣说："我做了一件事！我在市里的'星光艺术团'义务做少儿主持人，不收取任何报酬。因此，做这样的事情与本职工作不会起冲突。"后来，他在"星光艺术团"做业余主持人小有名气，他的主管看到徐欣主持的节目，也向他竖起了大拇指："小徐是个有心人，卧薪尝胆者才能够品尝到甜果实。"

一年后，徐欣的机会来了。电视台里有一名男主持人跳槽去了一家传媒公司做总监，台里恰巧缺少一名主持人。此时，徐欣的主管找到徐欣："小徐，我看过你主持的'星光艺术团'的晚会，台风很稳，而且也非常活泼幽默。我向领导推荐一下你。如果有机会，你一定要把握住！"

机会是留给有准备的人的。很显然，一直在坚持的徐欣迎来了机会。有一次晚会，台长让徐欣上台主持。徐欣不但没有紧张，而且非常沉稳、老练，圆满完成领导交代的主持任务。徐欣一炮打响，名正言顺地当上了主持人，后来还被评为省优秀主持人。

古人言，有志者事竟成。徐欣的成功源于两个方面：有志向和坚持不懈。徐欣告诉大家："我还有一个梦想，就是拿到金话筒奖。"

这个故事讲完了，我们再简单讲讲另一个"挖井人"的故事。挖井是一个消耗体力、考验意志力的活儿。有两个挖井人，甲挖三天休息两天……断断续续挖了一个月，还是没有看到井水。甲对乙说："我觉得这里应该没有水，算了，不挖了！"乙觉得这里应该有水，水脉也找人看过了，他决定继续挖。与甲相比，乙勤快多了，他挖六天才休息一天。挖了一个月，始终不见井水。此时，甲劝乙说："别挖了，不是一早告诉你了，这里没有水！你这么做，简直是白费功夫。"乙笑笑说："没事儿，权当锻炼身体。"乙又坚持挖了一个月，终于有一天，当一铲子下去后，清凉甘洌的水瞬间从井底喷了出来。乙挖出了井水，这口井也是甲和乙所在的村子里的唯一一口井。

挖井人的成功是"水到渠成"的，是积累的结果，更体现了锲而不舍和坚持不懈的精神。俄国哲学家车尔尼雪夫斯基告诉我们："只有毅力才会使我们成功，而毅力的来源又在于毫不动摇，坚决采取为达到成功所需要的手段。"

第三章　演讲的五条通道

1

通道一：　读万卷书

书中自有黄金屋，书中自有颜如玉。书是最直接的"知识"的提供者，读书的益处颇多。有人问："书呆子又如何说呢？"书呆子是只读书而不会用书上的知识变通的人。这样也不能算是真正意义上的"读书"。

对演讲者或讲师而言，丰富的知识储备是必备的。许多人喜欢看《百家讲坛》，《百家讲坛》里的教授、名家可谓学富五车，因此收获了无数粉丝。还有一些著名的教授，他们的讲解既幽默生动，又令人开阔了眼界……说到底，还是知识发挥了作用。

国外有一位脱口秀明星，他非常喜欢阅读。只要有时间，他就会抱着书看。许多人惊讶于他的这种爱好，于是问他："你喜欢读什么书？"他说："我的爱好比较广泛，小说、诗歌、哲学、美学、心理学、经济学等我都喜欢看。"

在国内，许多人瞧不起脱口秀演员，总认为他们只是靠幽默段子博得观众掌声。事实上，靠段子取胜的是段子手，不是脱口秀演员。那位脱口秀明星并非只说段子，他总是展示某个新奇的思想，讲出一些其他人从没有听到过的故事。有一次，台下的一名观众问他："你研究哲学吗？"

事实上，这位观众是想要让他难堪。但是脱口秀明星瞬间变成了一名"哲学家"，他开始讲："我非常喜欢哲学，几乎通读了哲学史，而且研究过许多哲学家的著作以及他们的流派、思想。从毕达哥拉斯、巴门尼德、柏拉图、亚里士多德，一直到笛卡儿、莱布尼茨、康德、叔本华，再到胡塞尔、罗素、海德格尔、维特根斯坦、萨特……我想，哲学是一种美妙的学问。当我们仰望星空，就能感受到自己的渺小。"

他把脱口秀舞台变成了哲学讲堂，令提问者叹为观止。用中国一句老话说就是："没有金刚钻，就别揽瓷器活儿！"正因为他知识丰富，才能够自如应对任何刁钻的"提问"。

我们要多读书，读好书，培养爱读书的习惯。读书到底有哪些好处呢？

一、 增加知识储备

知识是宝贵的，拥有知识的人才有"智慧之光"。达·芬奇认为："无论掌握哪一种知识，对智力都是有用的，它会把无用的东西抛开而把好的东西保留住。"换句话说，知识是开启智慧大门的一把钥匙。古希腊哲学家第欧根尼说："知识是青年人的最佳的荣誉，老年人最大的慰藉，穷人最宝贵的财产，富人最珍贵的装饰品。"由此可见，知识对人是多么重要啊！读书是获得知识的最直接、快速的方式，多读书也就能获得更多的知识。

二、 开阔视野

有的人看问题十分局限，当别人突然提醒他，他才能开窍。拥有广阔视野的人，通常也是一些爱读书的人。或者说，读书具有开阔眼界的作用。有一个人是某企业的老板，但是企业遭遇了瓶颈，他找不到更好的解决办法了。有朋友给他推荐了一些书，于是他开始看书，并养成了看书的习惯。后来，他的认识与思路有了变化，眼界也开阔了。于是他对企业进行大刀阔斧的改革，企业突破了困局，实现了升级。说到底，这也是读书给他带来的好处。

三、 提升气质

一个思想贫瘠的人与一个思想富裕的人，他们所表现出来的气质是不同的。优秀的演讲者拥有出众的气质，只要站到演讲台上，就会有一种无与伦比的气场。这种气质是一种智慧的气质，人还要有一种自信的气质。法国作家司汤达认为："做一个杰出的人，光有一个合乎逻辑的头脑是不够的，还要有一种强烈的气质。"事实上，读书不仅可以提升一个人的逻辑思维能力，还能锻炼并培养智慧、自信的气质。

四、 锻炼大脑

大脑是人的思想的"司令部"，所有的指令都是大脑发出的。科学实验表明，读书可以锻炼大脑，提升一个人的记忆力和辩证能力。爱读书的人往往拥有一个灵活的大脑。试问一下，演讲者的快速"反应能力"不就是大脑灵活的体现吗？

总之，读书有许多好处。高尔基说："我读书越多，书籍就使我和世界越接近，生活对我也变得越加光明和有意义。"

2

通道二： 行万里路

有句话说，读万卷书不如行万里路。有时候，人需要去一些地方走一走看一看，更多地感受自己所生存的这个世界。许多人通过用脚步丈量世界的方式感受人间冷暖。

笔者是一个非常喜欢旅行的人，几乎可以说每年都会抽出一段时间旅行。旅行的目的并不是游玩，而是用心去感受，用眼睛去看，用耳朵去听，用舌头去尝。接触不同的文化、不同的人群，欣赏不同的风景，这定会令人茅塞顿开。

著名的企业家王石是一个非常喜欢旅行的人。几年前，他选择"游学"。到了美国，感受美国的文化，了解美国的历史背景，通过交流学习美国人的管理经验。事实上，行万里路的主要目的是"学"！此外，王石还有一个"疯狂"的爱好：登山。

王石几乎登顶了世界七大洲最高的山，这是一项壮举。登山，能够锻炼人的意志力。攀登珠峰，更是挑战人的极限。这样的经历，在书本里是无法体验的。笔者对身边的许多年轻培训师说："一定要放下书本，出去走一走，转一转。世界很大，书本很小。书本的内容是有限的，280页的一本书，干货就是那么多……但是去了大自然，或者选择一个人文环境好的地方，你就能发现书本里没有的东西。"大自然才是一本伟大的百科全书。

笔者认为，读万卷书不如行万里路这句话是正面的。事实上，只有读书与出行并济才是正确的。行万里路到底都有哪些具体的好处呢？

一、 开阔眼界

书本可以开阔一个人的眼界，旅行也是可以的。当下时兴的"研学教育"，就是给学生提供"旅行＋学习"的机会。事实证明，研学教育有很好的作用，不仅帮助学员开阔眼界，还能提升学习的"转化"效果。对于讲师而言，游学的意义也很大。许多讲师游学归来，仿佛变了一个人，换句话说，游学甚至达到了一种"脱胎换骨"的效果。一个人的眼界开阔了，这对他的生活和工作都会有帮助。

企业培训师冯双双每年都会拿出20天的时间出去走走。不久前，他去了一趟欧洲，回来之后，他的课比之前有了明显的进步，"境界"上也有较为明显的提升。

二、 磨炼意志

走出去，看一看世界有多么精彩。如果你是一名户外运动爱好者，无论选择徒步还是登山，抑或是骑自行车等，都可以磨炼一个人的意志力。

我认识一名大学老师，他姓周，姑且称呼他"周老师"。周老师非常喜欢徒步。去年夏天，他与一群徒步爱好者去了西藏墨脱，用几天的时间走遍了墨脱。周老师并不是年轻人，他五十多岁了，但是跟年轻人一样坚持不掉队，凭借自己的意志力走完全程。回到岗位上，他的工作精力更加充沛了，仿佛经历了一次洗礼。意志力的提升，让他能够克服平日难以克服的困难；意志力的提升，让他更加有信心做好每一件事。

居里夫人说过一句话："我们必须有恒心，尤其要有自信！我们必须相信我们的天赋是要用来做某种事情的，无论代价多么大，这种事情必须做到。"意志力是一种生命力，如果一个人没有了生命力，也将一事无成。坚强的意志是演讲者必备的品质之一。

三、 认识新事物

有一些人，对新事物的认识不深，或者接受度较差。还有一些人则无法理解新时代下的新观念，这就需要人们换一个角度，放下偏执，去认识新事物。

有一个拥有三十年讲课经验的讲师，他一直采用传统的黑板教学方式。当他看到许多年轻讲师用多媒体教学，并感受到多媒体教学带来的乐趣后，他便开始接触、认识多媒体，用半年时间学会并熟练使用多媒体，这大大提升了讲课效果，也营造出了更好的课堂氛围。

3

通道三： 交友无数

朋友多了路好走，朋友多并不是一件坏事。朋友的建议常常是"苦口良药"，有时朋友的帮助如同雪中送炭。多一个朋友还会多出一面镜子，让你发现自己身上的缺点。需要提醒的是，远离损友。损友就是对自己有害的朋友，会教唆你，让你变坏。多交往那些高素质、高品质、内心阳光的人。对演讲者、讲师、主持人等而言，多交友总归是好事一桩。

笔者是一个爱交朋友的人，年轻的时候就喜欢交朋友。在我看来，我交往了四类朋友。

第一类朋友是志同道合的朋友。俗话说："物以类聚，人以群分。"如果想要长期保持友谊，需要有相同的志趣。有的人喜欢钓鱼，有的人喜欢打牌。当然，喜欢钓鱼的人很难与喜欢打牌的人结交成为好友，喜好不同，生活习惯、兴趣点也就大相径庭。当然，能否做朋友还要看缘分，缘分天注定，这一点很难解释。

第二类朋友是相互点拨的朋友。朋友不应是那种"粉丝型"的朋友，不管你好与坏，统统给你点赞。依笔者看，有些朋友必然是那个"刺头"，常常刺挠你一下，纠正你的思想错误。如果朋友之间是一种互相吹捧的关系，这样的友谊也不会长久。另外，人在一种"令人骄傲"的环境下会变得更加骄傲。如果你的身边有个朋友，这个朋友经常提点你："你这里做得不对啊，应该如何去做……"这样的提醒与指点，不仅让你及时改错，而且帮助你快速成长。

第三类朋友是导师型的朋友。这个类型的朋友，在笔者的人生之路上，是指南针和方向标。需要提醒的是，该类型的朋友与年龄无关，即使是一个孩子，如果他在某个方面比你强，也完全可以做朋友。笔者也有很多年轻朋友，他们年轻、充满了活力，总能在精神上感染你，给你朝阳。

第四类朋友是敢于谏言的朋友。朋友是一面镜子，但绝非所有的人都具有"镜子"的特点。唐太宗李世民的镜子是魏徵，因为魏徵敢于谏言。或者说，我们可以用一个成语形容：直言不讳！如果一个人看到了你的缺点，但是他害怕得罪你，最后选择保留意见……这样的朋友也不是朋友。朋友就是他看到你有不讲卫生的习惯，会提醒你经常洗手；朋友就是他看到你演讲出现了问题，会提醒你改正。好朋友是一面好镜子，损友是一面哈哈镜。

除了上述四类朋友之外，只要与你有缘分的人，只要他三观正，无不良嗜好，都可以做朋友。与讲台为伴这么多年，许多学生也是笔者的朋友。在笔者看来，他们心地善良，单纯可爱。看到他们，也会唤醒自身的良知。你会告诉自己："要对他们好一点儿，要对他们负责。"只有这样，才能把课讲好。

朋友多了路好走。到底是哪几条"路"呢？在笔者看来，有三条路，即人生之路、事业之路、精神之路。

人生之路就是生命的存活到死亡的道路。每个人从出生那一刻，就要面对死亡的威胁。但是朋友在身边，就会告诉你："哥们儿，你不孤单！"朋友也是一种陪伴，让你时刻有一种安全感。还有一种朋友是"讲义气"的朋友，当你遇到困难，就会伸出援手。

事业之路就是你的工作仕途之路。每个人都要去工作，语言工作者的"语言工作"就是一份事业。主持人从事主持工作，主持就是他的事业。许多主持人在台下选择排练，帮助他排练的人就是他事业之路上的朋友。

精神之路就是一个人心灵成长的道路。与肉体相比，灵魂更加重要。一个人拥有可贵的灵魂，感情就会充沛。阳光的朋友给你带来阳光和正能量，果敢的朋友给你带来勇气，充满智慧的朋友给你带来智慧。与不同的朋友进行交流，你的灵魂将会得到极大的满足。

有人说："周围都有好朋友的人，比四面楚歌的人不知幸福多少。"大作家罗曼·罗兰认为："有了朋友，生活才显出它全部的价值；一个人活着是为了朋友；保持自己生命的完整，不受时间侵蚀，也是为了朋友。"

4

通道四： 名师指路

笔者常常对学员们说："拜师学艺很重要！"老师是一个人的指南针，他用自己的学识和经历告诉你，什么是对的，什么是错的。还有一些年轻人处于迷茫期，看不到自己的前程，则更加需要名家指点。演讲者也是如此。演讲是一个看上去挺简单，其实很复杂的一项工作。

许多演讲者功成名就时已经四十岁开外了。

有一个年轻人叫徐梦，她有一个老师梦。徐梦说："我非常想当老师，因此大学我读的是师范院校。"大学期间她是没有多少机会去站讲台的。大学毕业后面临择业，要么考取教师资格证和相关职称当一名老师，要么转行从事其他行业。徐梦坚信自己能成为一名优秀的老师，于是她考取了教师资格证，并且打算去一家培训机构从事教学工作。

她成功应聘了一家公司，教孩子们写作文。由于徐梦并没有教学经验，她第一个月的实习成绩非常糟糕。公司老板对徐梦说："你可能不太适合从事一线教学工作，你去后台运营部门做市场吧！"

徐梦转岗了，但是她的老师梦并没有破灭。有一次徐梦因公出差，高铁上她认识了一位大学教授。这位大学教授非常博学，而且十分热情。徐梦问这位大学教授："您能不能教我如何上好课？我想做老师。"没想到的是，这位大学教授答应了，并约她每周六的下午三点至五点到大学的阶梯教室。

徐梦非常珍惜这次机会，每一次去都准备得十分充分。大学教授说："徐梦啊，我想听听你讲的课。听完了我告诉你意见。"

徐梦依旧讲作文，讲完了之后，那个教授眉头紧锁，然后对徐梦说："你啊，太紧张了！作文课完全可以讲得开放一点儿，不要紧紧'扣'住题目。另外，你讲课的语速有点儿快。可能有人会听不清也听不懂你的课。"后来，教授给徐梦两个建议：调整自己的心态，消除紧张感；锻炼自己的口才，适当放缓语速。徐梦回去之后就开始努力做功课。一周后，徐梦如约来到大学阶梯教室。

听完徐梦的课，大学教授对她说："这一次比上一次好多了。语速对了，临场状态也好了很多。现在，你还要做两件事：一是让自己的语言有节奏感；二是继续拓展自己的知识面，把'话题'彻底打开。"

徐梦非常开心，回到家，她继续调整。经过两个月的刻苦练习，徐梦的课堂呈现能力大大提高。最后一次赴约，教授对她提出两个要求：第一，课堂分上、中、下三部分，一定要把时间分配好；第二，完全可以再幽默一点儿，孩子们喜欢幽默的老师。

　　徐梦得到名家指点后，讲课水平提高了很多。有一次，公司的一名老师生病，需要一个人临时顶上，给孩子们上课。徐梦毛遂自荐："经理，能不能让我试试？我一直在家中试讲，能否给我个机会？"公司经理一时找不到合适的人选，于是答应了徐梦："好，你试试吧！如果你的讲课能成功，你就可以回到原来的岗位。"

　　徐梦是一个有准备的人，她接过交接棒，自信满满地走进教室，站到十六名孩子的面前。一个小时过去了，课堂的气氛依旧十分活跃，孩子们非常喜欢徐梦的课，纷纷给她点赞。经理通过摄像头看到了之后，十分欣慰。

　　徐梦成功回到了教师的队伍里。后来，她去了一家公立学校从事初中语文教学工作，并且荣获市优秀教师称号。

名师指点有什么意义呢？我们听听徐梦的话："教授教给我许多有价值的东西，教学经验、教学方式、知识扩展、语调、语音的处理与拿捏，教学风格的培养，幽默教学风格的建立等。"总之，名师对她的帮助是全方位的。

　　如今，社会上有许多与演讲相关的机构，也有许多名家从事相关的培训教育工作。那些想要提升自己的口才的人们，完全可以报名参加这样的"专业"培训。名师之所以是名师，他一定有过人之处。他的经验、经历、知识体系、方法都是一流的。得到名师的点拨与指导，会使你快速提升自己的本领，从业余走向专业。

⑤

通道五：　分享开悟

　　有一位哲人说："我们必须与其他生命共同分享'我'。如果你把快乐告诉一个朋友，你将得到两份快乐，而如果你把忧愁向一个朋友倾诉，你将被分掉一半忧愁。"分享是一种"开源"，将自己的想法"公之于众"，把自己彻底打开。只有打开自己，才能接纳外界的事物。

人们常常讲到"开悟"。"开悟"是由"开"和"悟"两个部分组成。"开"就是打开。人就像一个容器，嘴巴就像瓶盖。平时的人们，大多处于一种安静、沉默的状态。不说话的时候就处于一种关闭状态，说话的时候才处于一种打开状态。演讲者是善用嘴巴的，也就是说，演讲者需要保持容器的"打开"状态。有一位心理学家说："打开自己的心扉，尝试与其他人交换一些心灵上的东西。最后你会发现，你用一件相同的东西换来了无数件不同的东西。这些不同的东西，或许就是你所欠缺的……"

有一位僧人，他十分安静，除了念经之外从不愿多作交流。有一次，有一个人到寺庙烧香，看到僧人在隔壁房间里看经书。这个人有些迷茫，想要听一听僧人的开导，于是去了隔壁房间问僧人："我有一事相求，您能够帮我分析一下吗？"

这个僧人并没有理会他，而是说："你走吧！我什么也不会，我只懂看经文。你若求，还是下山去求吧！我是和尚，不做开导人的事。"僧人拒绝了他，那个人十分不快地离开了寺庙。

后来，僧人害了"失眠"症，常常夜不能寐。失眠的时候，他就打坐，继续念经文。越是这样，问题就越严重。后来，这个僧人被折磨得不成样子，便问寺庙的老和尚："我天天夜不能寐，该怎么办？"

老和尚问他："你是否有难言之隐？不妨说出来听听！"

僧人点点头："确实有！我发现念经也无法消解半分。前一阵子家中人托人捎信给我，说家父患重病，卧床不起。我是和尚，需要守着清规，不能随随便便下山。"

老和尚说："心病还需心药医！你的心病是你父亲，你应该下山回去看一看。看过之后放心了，你就能睡着了。"僧人接受了建议，于是回了趟老家。他在老家住了三个月，待父亲病情好转后，他回到了寺庙。

　　此时的僧人终于能睡踏实了，放下了内心的石头。另一个变化是，他变得开朗了，不再把自己关在经房里念经，而是常常出来走一走，跟其他人聊聊天，分享一下感受。

后来，这位僧人成了那座寺庙的住持，他在寺庙里开办了"佛学班"给前来寺庙烧香参拜的人讲授佛法。

"悟"是"开"的延伸。如果一个人只有开放的胸怀，却没有思考的大脑，分享就变成了一件"无用"之事。许多年轻讲师没有讲课的经验，或者在许多方面存在不足，这就需要"发问"。问谁呢？在笔者看来，可以问自己的前辈，问业内的优秀同行，问身边的朋友……只要对方能够解答，都可以去问。需要说明的是，发问的前提是打开自己，让对方感受到你的诚恳。让对方认为："哦，你是一个实在人，我愿意分享我的想法和经验。"通过这种方式，年轻的讲师才能得到想要得到的东西。

但是这些东西并非"即插即用"，要学会辩证地看待。在别人嘴里是"绿豆"，来到你的嘴里可能是"巴豆"。这个时候，你就要发挥强大的思考分析能力，感受并辩证地对待那些经验，将别人嘴里的"绿豆"转化成自己嘴里的"绿豆"，这样才能起到良好的借鉴作用。星云大师有句话："信其言，不察其行，是智者之愚；信其行，不察其言，是愚者之智；察其言，亦察其行，是智者之智；不察言，亦不察行，是愚者之愚。"

演讲者、培训师、主持人、老师等这些靠嘴巴生活的人，更加需要以开放的心态去接纳别人，与别人分享自己的感受。与此同时，以平和的心态领受对方给你的建议、批评，从建议和批评声中感悟到生命的真谛。只有这样，一个人才能健康成长，并且提升自己的综合本领。分享是一件好事，分享体现了一种开源精神。分享是一种爱，没有比分享更令人快乐的事情。

SPEECH

PREPARATION

演讲的准备

PAGE

2

第四章　精心地备稿

给演讲取个亮眼的题目

　　一个企业要有自己的名字，一个孩子要有自己的名字。写作文、出版的小说、电影或电视剧都有自己的名字。名字的好坏，直接影响到一个人、一件事、一个作品的"命运"。

　　欧洲某国家有一个文艺片导演，这个导演非常有才华，甚至也会撰写剧本。但是这位导演非常固执，他始终认为："一个好电影应该是'好剧情'电影，而不是'挂羊头卖狗肉'的电影。"言外之意，他更加重视电影本身的质量，而不太重视电影的名字。

　　有一年，这位导演拍摄了一部影片，影片的名字非常简单、普通。电影在上映之前，有朋友向他建议："如果把电影的名字改一下，我觉得一定会引起轰动并带来好票房。"但是这位固执的导演讲："在我看来，现在这个名字就非常贴合电影主题。"

　　拒绝了朋友的好意，他决定让电影如期上映。电影上映一周，票房惨淡，不但没有赚到钱，还赔了许多。这位导演非常不服气，于是问一位资深影迷："你为什么没有进影院观看我的这部电影？"这位影迷说："如果片名不好，我可能也就没有兴趣去看了。"这位导演采访了一百位影迷，没想到的是，他几乎得到的是相同的答案。

名字没有取好，也就无法引起观众的兴趣。同理，作文题目没有取好，阅卷老师也兴趣寥寥；书名没有取好，读者也就没有兴趣阅读或者购买；歌曲名字没有取好，也将会失去大量听众。总之，不管是给人取名，还是给公司取名，抑或是给文章取名，都要费点儿心思，取一个能够吸引人的、大气的、闪着光的名字。

一个"好题目"到底有哪些作用呢？归纳起来，可以体现在以下几个方面：

一、概括总结

一个好的题目，一定具有概括总结的作用。前面故事中提到的"挂羊头卖狗肉"的取名方式是非常不可取的。听众不是傻子，如果听众听到演讲者所演讲的内容与题目毫无瓜葛，就会失去继续聆听的兴趣。如果一个题目能够起到"概括总结"的作用，才具有意义的。

二、提供线索

许多作者都把线索放在"题目"里面。比如电视剧《暗算》，当观众看到这个名字的时候，就知道这部电视剧是充满了钩心斗角的，而"暗算"就已经给观众提供了某种线索。有一些知名的演讲者取的演讲题目常常具有某种"引申"意义，大家看到题目之后，就知道演讲者将会用一种怎样的方式去引导听众聆听。

三、凝聚情感

还有一些"题目"是带有情感和情绪的。众所周知，演讲是一门语言的艺术，如果能够打动听众，就能够引起共鸣。取一个有感情的、有情绪的题目比取一个干干巴巴、非常冰冷的题目好。现实中，许多听众都喜欢按照"名字"特点选择自己喜欢聆听的主题。如喜马拉雅平台上，许多听众会选择收听题目温馨、凝聚着情感的作品。

四、 提供想象

如果一个题目无法引起听众的兴趣，我们的演讲者就要想办法换一换思路了。有的演讲者非常聪明，他会取一个富有想象力的，但是又能够跟内容主题建立起某种关系的题目。许多听众听到一个"神秘"的题目时，就会产生巨大的兴趣。有一位演讲者用"某神秘事件"为题目，引起了许多听众的兴趣。整个演讲过程，演讲者的演讲配合着充满神秘气息的音乐，给人们带来了无限遐想。其实，演讲者也是一个讲故事的人，但是好故事一定要有一个能够给大家带来想象力的名字。

五、 提供文眼

什么是"文眼"呢？清代著名学者刘熙载说："揭全文之旨，或在篇首，或在篇中，或在篇末。在篇首则后者必顾之，在篇末则前者必注之，在篇中则前注之，后顾之。顾注，抑所谓文眼者也。"换句话说，如果一个演讲题目能够"揭全文之旨"，并且还能够给听众提供一种"中心思想"，这样的演讲题目无疑是成功的。

如果我们想要有很好的演讲效果，就需要不断打磨演讲的题目。如果演讲的题目十分大气且能够提供文眼，甚至能够给足"想象"的空间，这样的题目就是好题目。

对听众进行精准分析

演讲者也是一名讲故事的人。如果演讲者没有听众，故事又该讲给谁听呢？因此，一定要有听众去配合，演讲才能够有好的效果。如何对听众进行分析？有人说："临时分析怎么来得及？"在笔者看来，有些工作可以提前准备，比如通过"演讲模拟"，找亲朋好友进行模拟演讲内测，找到一些窍门。以下是一个故事和常见的思路，可供读者朋友参考。

有一个年轻从业者，他发明了一款App（第三方应用程序），打算将这款软件推广到全国各地，于是他打算召开一个小型的App产品发布会。在召开发布会之前，年轻人找来几个朋友进行测试。测试完毕之后，有两位朋友提出建议："你的解说存在一些问题，尤其是声音。你的声音太低了，如果召开发布会，恐怕听众会听不清你的解说。"

另一位朋友说："你的解说词也存在一些问题，主次不分明。按理说，你要在讲解中突出App的功能和特点，而不是过分强调App的便利性。事实上，任何人都了解App的便利性。"接受建议的年轻人开始重新组织解说词，并提高自己的声音。

召开发布会之前，他进行了多次尝试和调整，直到"内测"有了好的反馈和影响。发布会这一天来了200多名听众，这200多名听众相当于App的客户。如果他们喜欢年轻人的发言，也会选择使用这款App。说白了，产品发布会相当于一场演讲，而演讲质量的优势决定了听众是否选择这款App。准备充分的年轻人做到了"一炮打响"，不仅现场氛围良好，而且他的完美控场和完美解说都得到了积极响应。

年轻人举办的产品发布会很成功，并且将自己设计的App推广到了全国各地，创造了一个财富神话。

有人好奇："为什么这个年轻人能成功呢？难道仅仅是'精心准备'吗？精心准备是一个非常宽泛的词汇，到底有哪些核心要素呢？"前面我们提到，演讲者需要听众，并且需要将故事讲到听众的心里，让听众接受演讲者的故事。如果演讲者的故事不吸引人，或者在演讲过程中没有与听众进行交流沟通，也就无法打动听众。听众不埋单，演讲者的演讲就是无效的。演讲者想要组织一场成功的演讲，就需要对听众进行分析。了解听众的喜好、需求，才能够给听众奉献一场他们喜欢的演讲。

第一步，留一分钟的时间给听众。

如何给听众留出时间呢？如果你正在进行一场十分钟左右的演讲，就需要在演讲开始之前调整气氛，并观察在场人的表情。另外，演讲者还可以在这一分钟内与听众进行简单的、互动式的交流，不仅给听众提供倾听准备，还有"破冰"的效果。如果听众进入了聆听准备，演讲者再进入主题演讲，并做好随时调整演讲风格的准备。

第二步，适时抛出一个故事。

听众喜欢富有感染力的演讲，而不是干巴巴的演讲。演讲者还要精心准备几个故事，其中要留下一个故事去"试探"听众。有一个产品经理，在产品发布会上，他讲了一个"卖假货"的小故事，这个小故事中的事情具有普遍性，但是提到的"骗术"似乎又防不胜防，因此快速抓住了听众。听众听得非常认真，而产品经理通过小故事对听众进行了检验，了解了听众的喜好和需求。在此基础之上，演讲者有目的性地进行引导，并导入自己的产品，从而达到了营销目的。

第三步，根据听众的喜好调整内容。

有一些听众不仅耳朵非常"刁"，而且也很感性、主观。遇到这样的听众，演讲者必须要适时调整演讲的内容和风格。有一些听众可能喜欢更加务实的内容，演讲者就需要提供一些现实中发生的案例和故事。还有一些听众喜欢"娱乐"式的演讲风格，当演讲者的演讲过于"严肃"时，就需要马上调整自己的风格，讲一个幽默故事，用这样的方式调整气氛，再一次抓住听众的耳朵。

事实上，演讲者不仅是一名能说会道的人，还是一名心理专家。如果演讲者了解听众的内心，能够用自己富有感染力的演讲挖掘出听众的需求，让听众接受你的"心理暗示"，听众才会认真倾听你的故事。演讲者要不断剖析听众的内心，才能够让听众开心。

3

撰写打磨演讲稿

有句话说："一切源于细节。"或者说，精品都是细致打磨的结果。一个重视细节、能够反反复复打磨演讲稿的人，一定能够打磨出精品稿。演讲中，有一些人不太注重演讲内容的细节，更加倾向于"临时发挥"。但是这种"临时发挥"往往会弄巧成拙，搬起石头砸了自己的脚。

有一个年轻人，他参加了一个演讲比赛，比赛获胜方不仅可以得到一万元的奖金，还可以得到一次免费旅游的机会。他非常自信，总是说："只要我参加，一定可以拿到好名次和奖金。"

这个年轻人虽然非常自信，但是他并没有养成打磨演讲稿的习惯。演讲比赛开始之前，他只是打了一份草稿，草稿上的内容非常空泛，并没有体现细节。比赛开始之后，年轻人很快进入了状态，并且有比较不错的临场发挥。但是演讲到一半的时候，年轻人讲了一则故事，而该故事前后矛盾，存在较为明显的逻辑错误。当他意识到出问题的时候，已经来不及了。

演讲结束之后，年轻人有些失落。与他一起参加比赛的还有一个女生。这个女生虽然没有年轻人的好口才，却精心准备了自己的演讲稿，一遍又一遍地进行打磨。事实上，演讲如同舞台表演，台上一分钟，台下十年功。想要在舞台上有好的表现，就要认真、细致地进行准备。

细致打磨演讲稿的女孩演讲很成功，能够突出每一个细节，让故事更加打动人，最后，女孩夺得了冠军，拿走了一万元大奖。准备不足的年轻人只是获得了优秀奖。

除了演讲比赛之外，还有哪些活动需要人们在细节方面更加重视呢？有一位企业人事总监说："演讲的形式有很多种，招聘面试也是其中一种。面试是应聘者在招聘人员面前的一次展示，如果展示的形象完美，就会取得成功。"现实中，许多成功者就是从"面试"开始的。

有一个女孩叫王媛媛，大学毕业之后留在了北京，打算在北京找一份自己喜欢的工作。为了给招聘官留下好印象，她给自己准备了一个非常别致的自我介绍。

她说："现在人才竞争这么激烈，如果不精心准备，就无法给招聘企业留下好印象，我也就无法找到自己喜欢的工作。在我看来，打磨自己的应聘词是首要的事情。"她先是从互联网上找到不少模板，然后根据模板对自己的应聘词加以改造。改造完之后，她又反复地斟酌与考量，甚至每一个词、每一句话都经过认真打磨。

面试开始后，王媛媛按照打磨好的"脚本"进行应聘演讲，时间是三分钟。在这三分钟里，面试官的表情不断发生变化……起先是皱眉，然后是舒展，最后露出了微笑。这种表情的变化体现了面试官对王媛媛的好印象。一个星期之后，王媛媛得到这家公司的试用通知，她非常开心。进入公司之后，她工作认真，重视细节，一直保持"打磨脚本"的好习惯，并将这种习惯延伸到了工作场景里。

打磨脚本不仅是一种细节的体现，还是一种好习惯。章子怡曾表达过这样的看法：不要拿朴素来做挡箭牌，……从容貌、发型、服装、饰品、体态、声音、气味，真正的女人注重每一个细节。演讲也是如此。细致打磨演讲稿就是一种细节的体现，小到一个词，大到一个故事。用词考究、合理，才能够给听众带来极致享受；故事丝丝入扣、引人入胜，更是能够极大地感染听众。细致打磨演讲脚本，就可以避免发生逻辑错误和词不达意的情况。

如果你将要"演讲"，或者正在准备脚本的撰写工作，那就从小处落笔，注重细节，反复打磨稿件，直到呈现出完美的脚本。

关于演讲稿，笔者给演讲初学者的建议是：

第一，掌握"八不离"，才能口出华章。

具体来说，就是演讲的内容要从以下八个方面去揣摩：①感恩孝道；②爱情婚姻；③亲子关系；④亲情友爱；⑤励志鼓舞；⑥人生感悟；⑦社会热点；⑧爱国奉献。

第二，进行"九一"修炼，方能神采飞扬。

具体来讲，就是演讲的修炼要从以下九个方面去积累：①一首歌曲；②一首诗词；③一个故事；④一个笑话；⑤一副对联；⑥一段视频；⑦一句名言；⑧一篇文章；⑨一篇讲稿。

第三，把握三段式结构，演讲逻辑清晰。

把握演讲的三段式结构，演讲不但有逻辑有条理，还不会冷场，尤其是在即兴演讲中，演讲者运用三段式结构，将出口成章，神采奕奕，令人惊叹！

三段式结构为：

①过去（艰难），现在（成绩），将来（辉煌）；

②祝贺（什么事、什么人），感谢（谁），期望（以后怎么做）；

③是什么（干什么，任务、重点），为什么（意义、目的、背景，比如提高认识、背景分析、重要意义、统一思想等），怎么做（步骤、措施，或者是希望、建议、要求等）。

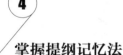

掌握提纲记忆法

许多人都在问，如何才能够快速提升记忆力呢？许多人虽然有演讲的想法，但是因为无法掌握一种记忆方法，或者无法记住提纲和演讲的重要内容而放弃演讲这项有意义的活动。在这里，我们讲述一种方法：提纲记忆法。提纲记忆法是一种非常成熟的方法，能够提高人们的记忆力，让人们牢牢记住演讲的提纲和重要内容。这种方法使用起来分四个步骤。

第一步，分析内容。

通常来讲，演讲都有一个"主题"，主题也就是整篇内容的中心思想。一个人想要快速掌握内容，就需要分析主题内容。如何进行分析呢？首先，要确定"内容"，确定内容后，还要找到主次。哪些内容是重要的，哪些内容是次要的。另外，还要找到与内容相关的"节点"。有一些"节点"是非常重要的，起到承上启下的作用。有一些"节点"也是体现中心思想的点，这些"节点"相当于一扇门的门把手，是至关重要的。因此，分析内容的时候还要把节点都找出来。其次，挖掘中心思想。确定内容的过程就是挖掘中心思想的过程。有时候，人们不确定中心思想是什么，中心思想是内容的"辐射点"，抓住了中心思想也就抓住了内容。

第二步，表述内容。

什么是表述呢？表述就是表达叙述，既可以开口表述，还可以在心中默述。许多演讲者、主持人采用默述的方式帮助记忆。看完并打磨了提纲和内容之后，合上笔记本，在心中默默表述一遍；如果没有记住，就打开笔记本再看一眼；看完之后再合上笔记本，反复记忆至熟练。事实上，表述也是一种"背诵"方式，它依赖于人的联想，而联想有助于人们将内容中的所有"节点"串联起来。有人问："是不是默述达到一种熟练程度即可？"在笔者看来，表述仅仅是提纲记忆法的一个步骤，这个步骤需要与其他步骤相结合才能够起到作用。如果一个人反反复复表述不完整，就需要重新回到第一步，进一步分析内容，打磨提纲，了解中心思想。

第三步，统筹全局。

一个优秀的演讲者还是一个"谋篇"强人，懂得如何谋篇才能够统筹全局，记住内容。谋篇有两个要点，即记叙顺序和记叙结构。记叙顺序有顺叙、插叙、倒叙。通常来讲，一篇优秀的演讲稿具备这三种顺序，如果能够熟练掌握三种顺序以及记叙的所在位置，也就能够谋篇。记叙结构有三种方式，即总—分、分—总、总—分—总。另外，谋篇还可以使用这些方式：开门见山、卒章显志、首尾呼应、照应主题、起承转合、以小见大、以点带面、埋藏伏笔、设置悬念、突出文眼、画龙点睛等。如果你学会了谋篇，也就能够提升自己的记忆水平，并且能够对全文进行统筹。

第四步，整理内容。

为什么把内容整理放在最后一步呢？事实上，进一步整理内容也是一种加强记忆的方法。整理内容的方式也有很多，常用的有以下几种：第一种，抄写提纲。抄写提纲就是对提纲的进一步认识，抄写过程中需要联想与提纲相关的内容。第二种，阅读提纲。不管是阅读提纲，还是阅读内容，阅读都是一种促进记忆的方法。许多人都是采取阅读法去记忆。阅读的时候一定要聚精会神、饱含感情地去读，只有这样才能够达到效果。第三种，淬炼内容。如果一篇文章都不足以吸引自己，也就无法调动起自己的主动性去记忆。因此，一个人想要记住自己所撰写的东西，需要不断地淬炼它的内容，增强它的吸引力，让它更精彩，自己的记忆能力将被极大地激发。

世界上有五花八门的记忆方法，提纲记忆法是一种非常成熟，且经过无数人验证过的方法，演讲爱好者可以掌握这一种方法，辅助自己去记忆、背诵。

背诵并脱稿演讲

很多人害怕演讲，害怕演讲的因素无非有这么几个。其一，脱稿难。无法脱稿会造成一种紧张心理。其二，自信心不足，担心现场发挥失常。其三，担心自己的稿件存在逻辑等方面的问题，担心被听众纠错。以上三种情况又以"脱稿难"为主要因素。许多人问："如何才能快速、稳妥地脱稿呢？死记硬背仿佛起不到正面作用。"

本节提供一些"脱稿"的小窍门或者方法，帮助喜爱或从事演讲的人们快速脱稿。一位资深的口才培训师将自己二十年的实战经验总结如下，可供大家参考：

一、 调整心态

许多人担心不能脱稿，还有一些人索性认为自己是无法脱稿的。如果被这种"消极"思想所笼罩，一个人就很难脱稿。因此，想要实现脱稿，就要摆脱"不能脱稿"的心态，找到自信。自信是一盏明灯，找到自信并调整好心态，就能够脱稿。

几年前，某学校有一位"神童"，这位"神童"总是能够快速记住并背诵文章。有人问他："你为什么能够快速记住呢？是不是记忆力特别好？"这位"神童"说："没有什么技巧啊，当我心情好的时候，我背诵文章就特别快。"事实上，一个人的记忆力与心态有关。积极的、乐观的心态能够激发人的某种潜能，调动人体的记忆细胞，帮助人快速、准确地记忆。

二、 远离 "完美"

世界上没有完美的事情，拒绝所谓的绝对完美，也是一种容易记住脚本、顺利脱稿的方法。有些人追求完美，那就需要付出完美的代价。曾经有一个年轻讲师，凡事都要做到极致，甚至连备课都采用诗歌一样的语言，而趋近完美的语言也往往给背诵带来困难。

放下"完美"，适应不完美。只要你的稿件经过了多次打磨，消灭了各种明显的瑕疵和逻辑障碍，也就基本成功了。如果一个演讲稿达到你认为的完美，你才开始去记忆背诵它，那你将很难开始你的演讲，因为没有完美的演讲稿。有人好奇地问："做事不就是要追求完美吗？"追求完美是没有错的，但如果追求完美需要付出"无法脱稿"的代价，这样的坚持就会失去意义。适当远离完美，降低门槛，不但会因此降低脱稿的难度，而且会让你顺利推进你的演讲进程。

演讲的魔力

三、 打磨底稿

前面我们讲到打磨底稿的重要性。打磨的过程不仅是优化与纠错的过程，还是帮助加深记忆的过程。过去，许多老师发现了这样一个"记忆"的窍门：喜欢做读书笔记的人记忆力特别好。许多人一边读书，一边做读书笔记，做读书笔记的过程也是思考的过程，这种思考能够加深人的记忆。同样，打磨底稿的过程也是一个思考的过程、记忆的过程，反复打磨底稿如同反复记忆。

事实上，机械的、死记硬背式的"脱稿方式"是不值得提倡的。有一位资深的老师说："记忆是有窍门的，思考课文内容，并牢牢抓住中心思想……即使不能够完全记住所有的内容，也能够记住超过70%的知识点。"

四、 画出思维导图

什么是思维导图呢？网上是这样解释的："思维导图，英文是 The Mind Map，又叫心智导图，是表达发散性思维的有效图形思维工具，它简单却又很有效，是一种实用性的思维工具。思维导图运用图文并重的技巧，把各级主题的关系用相互隶属与相关的层级图表现出来，把主题关键词与图像、颜色等建立记忆链接。思维导图充分运用左右脑的机能，利用记忆、阅读、思维的规律，协助人们在科学与艺术、逻辑与想象之间平衡发展，从而开启人类大脑的无限潜能。"如果我们的演讲者能够在打磨并记忆演讲稿的时候画出思维导图，也能够辅助演讲者进行记忆。

除了上述四种方法之外，脱稿的方法还有很多种。有一位出色的演讲者说："在条件允许的情况下，我会带着一些小卡片来到演讲台上。"小卡片上摘录着整个演讲最难记忆之处的"部分"内容，或者摘录演讲主题的故事和理论，这种方法也能够辅助演讲者脱稿。

第五章　调整好心态

1

排除讲台上的 "干扰因素"

有时候，一个演员或者一个演讲者没有发挥出应有水平，这多半是因为有干扰因素。

年轻人胡鹏是某企业的主持人。只要企业举办晚会，他就会站上舞台主持。有一年，该企业举办春节晚会，胡鹏在主持晚会时突然停止了。台下许多观众十分诧异，现场到底发生了什么？很快，胡鹏从口袋里掏出一张纸条，然后向台下观众致歉："实在抱歉，刚才报错了节目，下一个节目应该是……"

这个意外是由于胡鹏自己的问题造成的。晚会结束之后，胡鹏是这样解释的："可能是因为有些紧张，这一次公司邀请了明星进行演出。紧张之下，我竟然报错了节目。"

事实上，这不是胡鹏第一次出错了。他聊起自己的第一次主持："那一年我22岁，刚刚大学毕业，主持晚会并没有什么经验。那一次，我说话的时候'破音'了，完全是因为自己没有准备好。"

现实中，很多演讲者因为紧张等原因都会出现破音等现象。想要解决这些问题，就应该提前想办法解决或者排除台上的干扰因素。

一、 心理因素

紧张。如果一个人非常紧张就会因紧张而忘掉台词。如何才能够排除紧张因素呢？方式有很多，比如调节呼吸等。具体调节方式我们将在后面章节详细阐述。

不重视。还有一些人自认为能力超强，一些赛事也根本没有引起他的重视。不重视的结果是什么呢？准备不足。当其他人都在精心准备的时候，如果你没有认真对待，就会被一些"意外"所打乱。有个演讲选手自认为水平很高，甚至觉得："只要我参加比赛，冠军一定是我的。"正因为这种心理，他并没有做充分的准备，在演讲过程中出现了严重的逻辑失误，台下有人听了出来，便站起来问他："如何解释这个问题？"到了最后，这个年轻人也没有完美回答听众的提问。可以说，这是一场非常失败的演讲，而这样的意外是由于他的不重视造成的。要想排除这样的因素，演讲选手就要提前做好准备，并且要重视自己所参与的活动。

没有领悟中心思想。如果一名演讲者没有领悟中心思想，将会带来怎样的问题呢？有资深的演讲人给出一个答案：跑题。如果一个人在舞台中央所演讲的主题与实际演讲的内容是南辕北辙的，就会引起许多问题，如听众喝倒彩、演讲中断等。要想避免这个问题，演讲人就要认真审题，挖掘出主题思想，然后围绕着主题思想设计演讲内容。

二、 其他因素

舞台灯光。明亮的灯光是顺利开展演讲的必要条件，如果灯光出了问题，将会严重影响演讲进程。曾经有一位学者去某学校演讲，这位学者演讲到一半的时候，灯光突然熄灭了。灯光熄灭了，演讲也就只能暂停。经过工作人员的紧急处理，五分钟后才恢复舞台效果。事实上，这件事完全可以提前排除。如果工作人员能够提前对灯光照明等设备进行排查，就会避免这个问题。

话筒和音响。众所周知，许多人在演讲的时候，因为话筒失声或者音响破音等问题，给演讲过程带来麻烦。有一位企业老板召开会议，开会过程中，话筒突然失灵了，经过调试后依然无果，最后只能临时更换麦克风。如今，演讲活动所采用的麦克风大多数是微型麦克风，夹在领口即可。想要排除话筒的问题，演讲人需要对麦克风进行检查和测试。音响方面，演讲人也要请工作人员进行检查、调试，排除存在的各种隐患。

现实中，台上的"干扰因素"还有很多，甚至还有一些不可控的或者突然发生的事情。比如，台下的观众闹场，其他设备发生故障等。如果演讲者能够给自己建立一套"隐患排查方案"，这将会带来积极的作用。

2

提高注意力

对于听众而言，只有提高注意力，才能够从分享者那里获取对自己有价值的东西。众所周知，老师教育学生的时候，常常说这样一句话："听课的时候一定要提高注意力，只有聚精会神地去听课，才能够学会并掌握知识。"是啊，很多时候，只有提高注意力才不会犯错。

年轻人冯灿有一个梦想，想成为一名优秀的保险讲师。对于一个讲师而言，必须要拥有良好的口才、缜密的逻辑，能够营造培训现场的气氛，甚至还要掌握多种"破冰"方法。用他的话说："讲课是一件严肃的事儿。"事实上，讲课是严肃的，演讲、面试、述职、主持节目和主持会议都是严肃的事儿。想要做好一项工作，就需要让自己保持一种轻微紧张的状态。

有一年，冯灿主持了一堂理财课，呈现时间是四十分钟。会场上，他穿戴整齐，面容、头发都进行了精心修饰。换句话说，他精心准备了这堂课。除此之外，他还准备了秘密小纸条，秘密小纸条上有一段话。

理财课开始之后，他采取了开门见山式的导入法，直接切入理财课的核心要点，然后保持一种较为"快"的语速和相对"洪亮"的声音，结合 PPT 和背景音乐，始终保持一种非常好的节奏。正因如此，他的课堂的呈现效果非常好，场下的听众也非常用心听，每到一个"切换点"，听众都能够给他送上掌声。但是冯灿还会时不时地看一眼小纸条，小纸条上有一段文字，这段文字是这样写的："冯灿，你一定要认真一点儿，再认真一点儿，千万不要走神儿。"正因为这句话，冯灿的身上始终保持一种热情，这种热情就是催化剂，催化他的讲课的成功。

冯灿的课讲得非常成功。理财课结束之后，听众都掌握了理财知识，并且知道了在未来的生活中如何正确理财。冯灿说："如果老师走神儿了，比学生走神儿还要可怕。既然站上了台，就要对听众负责。如何才能负责呢？让自己坚持如一地讲完整堂课，不走神儿，不分神，态度端正，尊重自己也尊重自己的听众。只有这样，才能够把课讲好。"

现实中，人们该如何提高注意力呢？有哪些方法呢？

一、制订计划

许多人通过自我训练的方式提高注意力。有一位著名的主持人制订了这样的计划：每天游泳 1500 米，每天坚持朗诵一篇散文。游泳有什么好处呢？除了能提升身体素质之外，还有一点是，游泳的时候注意力必须保持高度集中。一旦注意力不集中，就会呛水。为什么还要坚持朗诵散文呢？朗诵也是一件特别需要调动情绪和注意力的事儿。因此，制订一个提高注意力的计划是非常有意义的。许多人通过这种方式受益匪浅。

二、 适当阅读

事实上，阅读也会让人提高注意力。阅读不是朗诵，是培养一种读书习惯。现实中，许多成功人士都爱读书，读书不仅能够让人掌握大量的知识，还能够提高人的专注度。有一位演讲家说："我每天都会拿出两个小时的时间去看书，并且做读书笔记。这样的习惯，我已经坚持了 24 年。"这样的好习惯也提高了他的专注度，让他在自己的工作舞台上保持高度注意力，并增强自己的演讲效果。

三、 学习书法

有这样一句话："不见其人，先见其字。"如果一个人能够写一手好看的字，不仅能得到别人的赞赏，还能提升自信。有个非常自卑的年轻人常常因为字难看而被朋友打趣。于是，他痛下决心，一定要把字练好。他用了三年时间刻苦学习书法，终于写出一手漂亮的字。学习书法除了提升自信之外，还有能提高专注度。写字是"慢功夫"，只有慢工才能出细活儿。学习书法就有这样的好处，让一个人"慢下来"，只有"慢下来"，心才不会躁，更利于集中注意力。

除了上述方法之外，提高专注度和注意力的方法还有很多。对锻炼口才感兴趣的朋友们，可以从提高注意力开始。

给自己一点儿自信的提示

自信的人才更容易取得成功，而自卑则是阻碍成功的一道枷锁。我们常常能够看到演讲者们充满自信的演讲和表演。那些拥有强大气场的演讲者，自身气场就是一种自信的光芒。

有一个叫史密斯的人非常害羞、内向，因为身材矮小，他总是被人挖苦，因此他一直很自卑。自卑的人是没有阳光的，他也是如此，总会坐在没有阳光的角落里。自卑还有许多副作用，在这些副作用下，史密斯的口头表达能力也非常差，甚至总是口吃，而口吃又会遭到周围人的取笑。有一年圣诞节，圣诞活动需要每一个人表演一个节目，史密斯没有什么特长，他唯一的"特长"就是画画。于是，活动期间，他画了一幅能够表现内心压抑的抽象画。

主持人问史密斯："史密斯同学，你能够解释一下，你的这幅画表达了什么吗？"在主持人的"逼问"下，史密斯结结巴巴、战战兢兢地进行了说明，结果引得观众哄堂大笑。史密斯出糗了，自信心再一次受到打击。活动结束了，史密斯把自己关进了房间，整整一天不吃不喝，没有出门。后来，他的姐姐特蕾莎对他说："如果你继续这样下去，你会变成一个连自己都不认识的人。你是一个男人，应该自信一点儿。瞧瞧那些人，他们还没有你的才华呢。"

在亲人和老师的激励下，史密斯打算改掉"口吃"的毛病。在老师的建议下，他买了一本里尔克和叶芝的诗集。他开始朗诵诗，每天坚持朗诵。特蕾莎还送给他一面镜子，并且告诉他："我的弟弟，经常看看它，它可以给你带来自信。"事实上，果真如此。史密斯不仅改掉了自己口吃的毛病，组织语言的能力也得到了加强。此时的史密斯仿佛也找回了自信，自信对他而言实在是太重要了。

第二年的圣诞活动，他的节目是演讲，演讲的题目是"我与姐姐"。找回了自信的史密斯成功地完成了演讲，并且打动了许多人。那些曾经挖苦过他的人也开始对他另眼相待了。

找回自信的史密斯也找到了一种失去已久的光环和气场，他也不再因为个子矮而自卑。

自信到底是什么？这仿佛是一个很抽象的东西。著名教育家徐特立认为："任何人都应该有自尊心、自信心、独立性，不然就是奴才。但自尊不是轻人，自信不是自满，独立不是孤立。"欧洲也有句流传甚广的话："技能和信心加在一起便是一支无往而不胜的军队。"自信是武器，也是一个人拥有好口才、展示好口才的必要元素。高尔基说："只有满怀自信的人，才能在任何地方都怀有自信，沉浸在生活中，并实现自己的意志。"那么一个人在展示自己的口才前，如何给自己一点儿自信和勇气呢？

有一个演讲师讲述了自己的方法："给自己一点儿心理暗示。"事实上，如果一个人从心里认为自己可以，多半都可以实现愿望；如果一个人觉得自己不行，多半也会失败。心理暗示就是给自己"打打气"。这个演讲师说："上台之前，我的内心会告诉我，'相信自己，你一定行'。这个时候，我内心的紧张感就会减轻。站到台上之后，我的内心还会告诉我，'别怕，只要你开口了，台下的听众就会安静下来，然后把目光放在你的身上'。演讲过程中，我的内心又会告诉我，'你是最棒的'。"通过这种心理暗示，这名演讲师成功演讲，收获了无数粉丝。

还有一名主持人是这样提醒自己的："难道还有你 hold（把持）不住的场面吗？不就是主持一台晚会吗？难道今天的晚会与其他的晚会不同吗？相信自己，任何事情你都可以搞定。"当他给自己打气的时候，自信也就找上门了。拥有自信的他，不仅语言表达流畅，富有感情，有强大的代入感，而且能够更加自由地表达自己的主持主题，提升了控场的水平。

自信是迈向成功的第一步，自信也是一种"英雄元素"。古希腊哲学家苏格拉底说过一句话："一个人能否有成就，只看他是否具有自尊心和自信心两个条件。"如果我们能够在上台前给自己一点儿自信，也就能够大大提升演讲的成功率。

消除紧张情绪

人一旦紧张了，就会犯各种错误。经常看歌唱选秀类节目的观众都知道，有一些非常有实力的歌唱选手因为紧张而发挥失常，从而错过晋级的好机会。还有一些年轻医生，一听到"上手术台"这四个字就从内心深处打怵。还有一些节目主持人，因为紧张而报错了节目。一个演讲者想要做好演讲，或者一个年轻人想要在老板或者面试官面前表现出色，就要想尽一切办法消除紧张情绪。

如何才能够消除紧张情绪呢？有一位心理学家说："如果人们能够掌握一定的方法，学会在日常生活中调节自己的情绪，就可以慢慢养成一种好习惯。"换句话说，一个人完全可以通过一定的方式消除紧张情绪。通常来讲，消除紧张情绪的方法有以下几种：

一、 进一步把握能够把握的事情

什么样的人会紧张呢？在笔者看来，那些没有做好准备的人会紧张。有一名歌手，因为突发事件突然更换了一首新歌，熟悉这一首新歌需要时间，而他只有短短三个小时的时间去准备。他对自己的助理说："我太紧张了，我对这首歌完全不熟，只有三个小时，我不确定到时能否完整呈现一遍。"如果一个人能够对不熟悉的事物熟悉把握，就会摆脱这种"心里没底"的紧张感。对于一名演讲者而言，演讲之前需要进一步打磨内容，并且将内容熟练背诵。如果能够将内容复述得滚瓜烂熟，也就会消除紧张感。

二、 转移注意力

有时候，紧张情绪如同莫名的波浪阵阵袭来。对于克服这种莫名的紧张，有一种办法：转移注意力。有一个年轻人参加某选秀比赛，登台之前他非常紧张。他的身后有一位连续参加过多次的老选手，他轻拍着年轻人的肩膀说："别太当回事，不要去想，站上去唱完了就好了。你看看那边，小姑娘们打扮得多漂亮！"当他看到美丽的女生之后，紧张的情绪仿佛也离开了他。事实上，通过转移注意力的方式消除紧张感，这种方法既简单又快速。

三、 调节气息

我们常常看到，运动员在上场的时候，总是会深呼吸。深呼吸都有什么好处呢？有一个医疗权威杂志这样解释：深呼吸有六大好处。第一，深呼吸可以有效改善脏器功能，尤其是心肺功能。第二，深呼吸可以预防呼吸道疾病，可以增加肺部弹性。第三，能够有效克服恐惧，让人恢复放松的状态。第四，能够锻炼人的肺活量，而肺活量的提升有助于身心健康。第五，能够促进睡眠，许多人在睡眠之前进行深呼吸，确实可以起到促进睡眠的作用。第六，调整并改善气息，气息得到了调整，整个人也能够得到放松。因此，演讲前可以多做"深呼吸"，这样可以使你放松。

四、 多做运动

生活中，许多人通过做运动的方式消除紧张感。有一位明星在成名之前非常自卑，上台就会有一种紧张感和压迫感。有一位同行告诉他："如果你有时间，可以坚持运动。"于是，他进了健身房，并且开始了连续多年的夜跑。通过运动，他不仅获得了自信，还慢慢消除了那种似乎与生俱来的"紧张"。当自信找上门，紧张感就没有了。紧张与自卑是孪生兄弟，如果一个人消灭了自卑，也就能够摆脱紧张。

五、 想一想成功后的喜悦

有一种方法叫精神胜利法。有些人在没有登台之前就有一种不好的感觉，这种感觉就是一种失败的感觉。还有一些人在没有登台之前就会想到自己成功后的喜悦，并且会认为："我一定行。"精神胜利法也是一种心理暗示法，给自己"成功"的心理暗示，也就能够朝着"成功"的方向发起冲击；给自己"失败"的心理暗示，多半也不会成功。另外，演讲者登台之前想一想自己曾经的成功经历，也会给自己信心，这种方法也能够帮助消除紧张感。

除了上述五种方法之外，消除紧张感的方法还有很多。有一位节目主持人说他消除紧张感的方式很特别："我上台之前，会吃一点儿零食或者糖块。"不管如何，只要能够消除紧张，就能够大大提高演讲的成功率。

对于演讲时消除紧张情绪，笔者有几点小建议：等听众注意力集中后再开口，说话声音要大；语速放慢，用诚恳稳健的话做开场白；如果手、腿颤抖，身体可略前倾，按住讲桌；不要刻意念稿，用自己的话将内容讲出来；看听众反应，适时调整演讲的内容或方法；不要快速扫视听众，以免使自己紧张；勿过分谦虚，不要说没有信心的话；不要一味地想将所知内容告知听众；多用胸麦，少用话筒。

5

调节自己的气息和动作

许多节目主持人都参加过气息训练课，这也从侧面说明了，气息对一个人，尤其对一个经常站在舞台上的人而言是非常重要的。气息是一个人的发声基础，能够调节好自己的气息，也就能够保持一种良好的"说话"状态。

有一名节目主持人不仅能够在舞台上调节自己的气息，日常生活中也在锻炼自己的这种能力。他说："气息对于一名语言工作者而言太重要了，气息的强弱决定声调的高低，气息的节奏也就是一个人说话的节奏。想要控制声音，就要学会调节自己的气息。"

为了掌握这种本领，这位主持人参加了气息训练课。气息训练并不是一件困难的事情，常规的训练方法可以有以下几种：

第一种，软口盖练习法。

这种方法类似于闭口打哈欠，也就是说当一个人想要打哈欠的时候，保持嘴巴是闭合的状态，反复吸气，然后再呼气。这种练习法非常简单，可以随时进行练习。

第二种，压腹数数法。

这种方法同样易于掌握。一个人平躺下来，找一摞书放在肚子上，然后深吸一口气，从 1 开始数数。第一轮结束之后，再进行第二轮，以此类推。这种方法需要腹肌和横膈膜的控制力，从而起到调节气息的作用。

第三种，气声数数法。

先深吸一口气，然后屏住呼吸几秒钟，接着用一种低声的、说悄悄话式的方式，从 1 开始数数。第一轮结束之后，再进行第二轮，以此类推。这种方法达到的效果与压腹数数法类似。

第四种，跑步背诗法。

这种方法也是一种有趣的方法，我们常常能够发现，许多主持人、播音员有一边跑步一边背诵诗歌的习惯。如果你是一个喜欢运动的人，并且喜欢跑步，就可以采取这种方式。需要提醒的是，剧烈运动时并不适合用这种方法，人们要根据自己的身体状况选择适合自己的气息训练法。

第五种，偷气换气法。

偷气换气法是一种非常实用的方法，这种方法是这样的：当一个人开始阅读一篇文章的时候，采取一种不漏气的快速阅读的方式去阅读，当气息不足的时候，用技巧进行换气。换气之后调整到最佳状态，然后再用快速阅读的方法去阅读。

对于一个演讲者而言，调整气息很重要，调整自己的肢体动作也很重要。演讲者在展示自己的口头语言魅力的时候，也在展示自己的肢体语言。因此，肢体动作可以给一名演讲者赋予更多价值和魅力，如何才能够调整自己的肢体动作呢？

调整肢体动作的方法也有很多种。运动是其中一种，也是一种基础性的方法。还有一些方法，具有一定的针对性。但是不管方法如何，都要掌握一个原则：同频原则。同频原则就是演讲者的口头语言和肢体动作要相互一致、协调。如果口头语言与肢体不同频，就会给听众留下不好的印象，演讲的效果也会大打折扣。

另外，演讲者在日常训练肢体的时候，还要把握一个"度"。当需要肢体进行配合的时候，要根据内容合理安排动作，需要展示力量就展示力量，需要展示温柔就展示温柔。只有这样，我们才能够把肢体动作安排到位，让它发挥良好的作用。

6

练习并植入演讲动作

　　演讲是一门语言艺术，语言从表现形式上分为口头语言和肢体语言。口头语言固然重要，肢体语言也是如此。一名优秀的演讲者，他们不仅有富有感染力的口头语言，还有与之相匹配的肢体语言。因此，要实现一次成功的演讲，需要在练习中植入演讲动作。

　　演讲中都有哪些经常被使用的肢体动呢？通常来讲，有以下几种：

一、 手势

　　手势是最常使用的肢体动作了。竖起大拇指代表称赞，举起拳头代表勇气和力量，挥手表示否定，背手表示骄傲和淡定，按下手掌则表示控制全场。总之，不同的手势可以体现演讲者的不同的心情和状态。

　　如果大家表示对演讲者的认可，并对演讲者报以掌声，演讲者是不是应该伸出大拇指进行回馈呢？如果在演讲中设计有"个人思想"的展示环节，演讲者就需要给自己打气，将一种骄傲的、自信的手势植入进来，如挥拳头的动作，背手表示淡定的动作。如果演讲者能够掌控住全场，还可以采取"压手势"的方式提升自己的魅力。强大的气场和人格魅力是演讲者取得成功的关键因素。

　　另外，手掌动作也是手势动作的一种。手掌向上表示一种接纳听众的"诚意"。有一些演讲者常常在演讲的时候将双手摊开，保持手掌自然向上的状态，尤其在"互动环节"中，这种真诚的、接纳听众的肢体动作是需要体现出来的。手掌向下则表示"发号施令"。在某些企业、政府部门，有一些领导也喜欢采用演讲的方式传达自己的想法并下达命令，而这样的手势就可以植入进来。手掌向前则表示反对或者拒绝。在演讲的环节设定中，有一些演讲者喜欢穿插一些"否定言论"，然后用这种方式强化自己的观点。

除此之外，演讲者还要避免一些不自然的、不自信的肢体动作。有一些演讲者可能因第一次登台而非常害怕，唯恐自己会出丑，就会有不自信的、不自然的动作表现出来。搓手是紧张的表现，演讲者要想尽办法避免。还有一种动作是"双手交叉"，其中一只手叠放在另一只手上。这也是一种不自信的动作，应该想方设法去掉。

二、 眼神

眼神也是一种肢体动作。世界上有无数种眼神，怜悯的眼神引人怜悯，痛苦的眼神引人关注，悲伤的眼神令人关切，自信的眼神给人以动力，霸气的眼神给人以力量。有一位知名的主持人说："眼神是一种复杂的情感语言，它是对口头表达语言的一种支持和补充。"

有一种自信的眼神叫注视，注视也是演讲者在演讲中常常使用的肢体动作。如果一名演讲者在演讲过程中想向听众传递自信的信息，就可以将注视的眼神放进来。注视时并不能长时间盯着其中一名听众，有人问："为什么呢？"长时间注视某个人是不礼貌的，或者是具有挑衅意味的，因此要避免。

有一种眼神叫环顾四周，这是一种自信的、控场的肢体动作。人们能经常看到：有一位演讲者站在演讲台上，然后环视四周，表现出一种强大的控制力和气场。这样的动作如何或者应该在什么时候插入演讲活动中呢？有一位资深的演讲者说："如果你的演讲进入的高潮部分，就可以采取这样的动作了。进入高潮部分，听众的聆听积极性已经得到了广泛的调动，此时采取这种'控场'的眼神就再合适不过了。"

还有一种眼神叫"虚怀若谷"式的眼神，看似目中无人，实则心中有人。这种眼神，演讲者往往在非常自信且与听众进行交流的时候，才会选择使用。还有的眼神是随着故事的起伏而逐渐变化的。有时候，一名优秀的演讲者也是一名优秀的演员，而优秀的演员一定会在眼神的变化中配合展示整个演出的情节。

　　除此之外，有一位资深的演讲者建议："演讲者在排练演讲的时候，可以放置一面镜子。演讲者站在镜子前进行排练，并根据情节发展将各种肢体动作植入进去，反复加以练习，形成一种习惯。"

第六章　试讲进行热身

试讲的重要性

对于许多师范院校的学生而言，试讲是一件他们非常熟悉的事情，许多学生在毕业之前都有过试讲经历。如果是一堂 40 分钟的课程，试讲通常只有 10 ~ 20 分钟的时间。从字面上理解，试讲是一种自我检测，一种考核。如果一个人能够成功试讲，那么距离成功的正式授课就不远了。

年轻人孙浩有一个当历史老师的梦想。他说："我想当一名优秀的历史老师，这样能够把自己对历史的爱好转化为教学的职业，并且将我掌握的历史知识传递给我的学生。"

孙浩即将毕业的时候，像其他同学那样开始了"实习"。教学实习有一个重要内容：试讲打分。孙浩所在的学校规定，试讲时间为 15 分钟，并且在 15 分钟内要完成较为全面的知识点的讲授。孙浩深知试讲的意义，如果试讲效果好，不仅可以得到实习高分，而且对自己的未来发展来说也十分有价值。为了试讲成功，孙浩做了许多准备工作。

首先，他精心备课。为了讲好课，绝大多数的老师都会备课。对于演讲者而言，他们也会提前熟悉自己演讲的内容，并认真"备课"。备课越充分，也越会降低讲台上的出错率。

其次，提高并巩固自信心。许多时候，自信心是成功的基础，没有自信也就无法完成上课。很显然，通过试讲的方式可以提高并巩固一个人的自信心，让一个人实现蜕变。孙浩认为："一次成功的试讲，就会提高一分自信；无数次成功的试讲，能够让人长久保持一种自信。"换句话说，苦练多日就是为了获取一场胜利。

最后，孙浩进行试讲也是为了熟悉讲台。众所周知，如果一个人不熟悉讲台，或者没有进入上课的那种氛围，也就无法顺利完成授课。孙浩说："熟悉讲台也能够消除紧张感，帮助自己成功授课。"

孙浩是一名出类拔萃的师范院校学生，不仅成功通过了试讲，后来也当上了一名教师。

从某种程度上讲，老师也是一名"演讲者"，三尺讲台与演讲台有相似之处。老师的这一种"试讲"与演讲者的"试讲"具有相同的作用。那么试讲到底有哪些作用呢？

一、熟悉演讲内容

前面我们讲到背诵、打磨演讲稿的重要性。事实上，试讲更加重要。如果一个人能够在演讲开始之前进行多次试讲，也就能够全面熟悉演讲内容，加深对演讲主题的理解，帮助记忆演讲稿。

二、找回自信心

现实中，人们没有自信的主要原因是对某件事没有达到一定的熟练程度。有一位著名歌手说："登台之前，我会拿出三个小时的时间去熟悉场地并热身，热身也就是试唱，通过试唱建立自信。"人们通过试讲熟悉演讲内容，也就能够带来因"熟悉内容"而建立的自信。试讲还是一种"心理活动"，试讲等同于一次摸底考试，每一次的摸底考试都推进演讲心理的不断成熟。

三、 锻炼口头表达能力

许多没有任何演讲经历的人，他们第一次演讲时不仅会紧张，甚至还缺乏口头表达的能力。口头表达能力是一门技能，这门技能并不是与生俱来的，我们完全可以通过高频次的试讲来拥有这一门技能。许多知名的主持人也是通过"试讲"锻炼自己的口头表达能力的。

四、 进一步领悟演讲主题

有一位老师说："即使我已经工作 20 年了，但现在我依旧进行试讲。一方面检验自己对课程的掌握程度，另一方面促进进一步思考，或者从思考中领悟新内容。"试讲是一项思考活动，它可以帮助演讲者进一步熟悉演讲主题，并且拓展自己的想象力，激活大脑的"记忆细胞"。

除此之外，试讲还可以帮助一个人发现自己的缺点，然后改正缺点。曾经有一个人在试讲中发现，自己的"节奏"有问题。为了解决这个"问题"，他不断地试讲，查找原因，并最终解决了问题。总之，试讲是一个意义重大且有价值的"实践"活动。

试讲需要录音

试讲是非常重要的一项工作，它不仅能够提高一个人的综合素质，还能帮助人们找到演讲过程中存在的问题。因此，人们在试讲的过程中，最好借助相关的录音设备进行录音。

青年主持人王博立志成为一名优秀的节目主持人。他知道试讲和刻苦练习的重要性，因此购买了一套录音设备进行日常录音。有一次，王博接到了一个主持晚会的任务，这次晚会来了不少明星，王博非常紧张。他用"成败在此一举"来形容这次的主持。

为了准备这次晚会，王博停下了其他工作，全身心去"练习"。在"练习"过程中，试讲是最重要的部分。或许因为休息欠佳，通过听试讲录音，他发现了一个问题："我的嗓子非常紧，声音有些沙哑。如果以这样的状态登上舞台去主持，绝不可以。"当务之急，他需要调整自己的嗓子让其回到最佳状态。于是他找到了在"声音调整"方面颇有一番心得的同行朋友。朋友告诉王博："你一定要休息好，紧张也会导致声带紧张……另外，这段时间你不要吃辣，不要喝酒，远离破坏嗓子的行为。"

王博接受了朋友的建议，开始了嗓音恢复阶段。不过王博还在重复做这件事：不停地试讲，不停地录音。当他发现自己的嗓音开始恢复正常了，他才露出了笑容，而且找到了自信，紧张感也随之消失了。几日后的那场晚会，王博状态很好，完美主持了晚会，提升了自己在业界的知名度。

对于一名演讲者而言，如何才能够做好试讲录音这项工作呢？可以按照以下步骤进行。

第一步，购买一个录音设备，或者下载一个录音软件。录音设备或录音软件是开展录音工作的前提。当下，许多年轻人将录音软件下载到手机或电脑上，试讲的时候打开软件进行录音。

第二步，学会剪辑自己的录音。剪辑录音也是一项基本技能，掌握了这个技能，人们就可以自由剪辑、编辑自己的录音。有人问："录音设备不是具备播放功能吗？为什么还要学剪辑？"在笔者看来，一个人想要在某个"专业领域"里达到专业水准，就需要掌握这项技能。一方面，这项技能并不属于专业性非常强的技能，可谓一学就会；另一方面，这项技能实用性非常强，还可以将语音转化为文字。

第三步，反复聆听自己的录音。反复聆听自己的试讲录音，就是要从中找到自己的问题。如果发现自己在试讲中没有问题，则可以保持这样的状态；如果发现自己在试讲中存在问题，就需要建立"问题解决体系"，借助体系去解决问题。

如果一名演讲者能够做好以上三步工作，也就基本可以完成试讲录音的工作。另外，录音还要掌握一些小技巧。有人说："掌握一门技巧，是为了更好地体现功能。"演讲者在录音的时候可以这样做：

第一，嘴巴距离录音设备适当近一点儿。众所周知，录音的时候，如果嘴巴离得太远，也就无法录清晰，录音就失去了意义。但是，嘴巴离得太近也是不行的。因此，"适当"这个词就体现了它的意义。换句话说，人们在录音之前，要调试一下录音设备和麦克风的位置，以达到录音的最佳效果。

第二，选择最高品质的录音。录音的品质有很多种，人们也会按照文件大小等进行选择。我们应该选择品质最高的选择项进行录音，从而确保录音的质量。试讲录音就是为了真实地反映试讲人的状态，包括声音、气息、节奏等，高品质的录音才能够起到好作用。

第三，选择一款高品质的麦克风。有些人清楚录音的重要性，会因此购买录音器材。在选择录音器材的时候，也是有窍门的。对于外行人士而言，最好多多咨询资深业内人士，在购买设备之前做好购买功课。一款高品质的麦克风能够提升录音效果。

如果演讲者能够掌握以上三个技巧，也就更有利于做好录音工作了。试讲录音可谓主持人、讲师、演讲者等的必修课，必须要做好它。

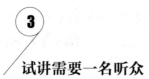

3

试讲需要一名听众

世界上，每个人都不是孤独的。当一个人说话的时候，也会出现聆听的人。所有的演讲家都需要听众，拥有海量听众的演讲家才是演讲家，失去了听众，演讲家也无法称为"演讲家"。对于一位老师而言，学生是他的听众；对于一位见习教师而言，他的听众还有可能是给他打分的资深教师。即使是试讲，也需要一名听众。

有一个讲师刚刚参加工作不久，他有着远大的梦想。有一年，他去某企业进行"管理"方面的讲课，听课的学员是该企业的中层干部。事实上，这家企业每年都会邀请不同的企业讲师或者培训师来企业授课，目的在于提高企业职工的综合素质。

这位讲师有非常好的心理素质和业务素质，讲课对于他而言，并不是一件难事。课堂上，他努力呈现着自己，并且能够将知识点全面讲述出来，但课堂上的反馈互动非常差。许多学员给他一种"心不在焉"的感觉，他甚至不知道自己到底哪里出了错。

后来，他私底下问一名学员："你好，听完我的整堂课之后，你是不是觉得哪个地方出了错？或者……"这位学员告诉他："老师，我倒是没有觉得你的课出了什么问题，可能知识点太枯燥了，无法引起我们的兴趣，产生不了共鸣。"是的，这名学员点出了一个问题：没有共鸣。什么是共鸣？共鸣是一种情感的共振，当一个人的演讲能够说进听众的内心，听众也会产生相同的感受。如果讲师能够与学员产生共鸣，学员就能够认真听讲，并且报以一种"积极"的回馈。因此，共鸣不仅是一种鼓励，还是一种肯定和赞美。

这位讲师清楚了解了自己所遇到的问题，这个问题并不是课程内容本身的问题，而在于他的呈现。回去之后，讲师找到自己的朋友，他的朋友是一名资深讲师。他对朋友说："我试讲的时候，你来当我的听众，听一下我的课存在哪些问题，需要怎样调整。"朋友答应了他的请求。

这一次，他准备了一堂管理课，而这堂管理课将会在三天之后的某企业学习室进行讲授。他先是当着朋友的面试讲了一遍，朋友对他提出建议："你的课没有问题，就是缺少一点儿感情色彩，给听众一种比较干的感觉。"为了解决这个问题，他在课程中添加了一些故事，并且配合使用了图片和音乐。第二次试讲结束之后，朋友对他竖起了大拇指。

　　试讲过程中，他通过了听众的第一关考核，并且能够给试讲听众留下较好的印象。三天之后的培训课，他在台上声情并茂地进行了呈现，给台下的学员留下非常好的印象，并取得了成功。

　　听众是另一个自己，能够打动听众，也能够给自己以信心。演讲人需要听众，歌唱家需要听众，教师需要听众，甚至召开大会的企业老板和政府官员都需要听众

　　试讲需要听众，演讲者试讲的时候就需要取得听众的信任。上面故事中，讲师经历了一次失败的讲课，这并不是课程本身的失败，而是没有取得听众的信任，或者说没有打动听众；后来，讲师取得了成功，成功的原因在于他能够取得听众的信任，打动了听众，甚至在课堂上引起了共鸣。

　　演讲者进行演讲，这本身就不只是自己的事儿。当他站上演讲台，演讲就是一件"演讲者—听众"共同的事情。因此，演讲者在开讲之前，都需要找一名自己信任，且能够给自己提出意见和建议的听众。

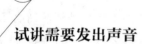

试讲需要发出声音

　　在笔者看来，试讲与正式讲课的区别不大。试讲相当于高考前的模拟考，同样需要严肃对待。另外，试讲的时候也要发出声音，要把试讲当成演讲，把试讲的听众当成演讲台下的听众。

　　有一个年轻歌手，就像很多歌手成名之前一样，他除了刻苦

训练、寻找机会之外，还要去做一些谋生的工作，比如给作曲家唱音乐小样。这个年轻歌手一直在某个音乐工作室从事这样的工作。事实上，这样的工作与试讲本质上没有什么区别，唯一的区别在于形式：一个是试唱，一个是试讲。年轻歌手非常珍惜这一份工作，如果他的试唱能够给录音棚的人和作曲家留下好印象，也就能够争取到一个首唱机会。

有一年，该工作室的作曲家写了一首歌，然后交给了他去试唱。为了这次试唱，他准备了很久，做了许多工作。用他的话来说就是：万事俱备，只欠东风。走进录音棚的那一刻，他深吸一口气，然后调动起所有"能动性"，开始深情演唱。试唱虽然只有短短180秒，但是给作曲家留下了非常好的印象。走出录音棚，作曲家打算亲自找他谈谈。于是两个人相约某咖啡馆。作曲家详细了解了他的生活轨迹，并且询问了他对音乐的态度。后来，作曲家给了他一次机会：某音乐节开幕演唱，由他现场演唱作曲家的首发新曲。听到这个消息，年轻歌手非常兴奋。

经过两周时间准备，年轻歌手第一次出现在音乐节的舞台上，并且一炮打响，由此走上了歌星之路。

现实中，这样的成功案例并不少。演讲者、讲师、老师以及所有以嘴巴谋生的人，都要珍惜试讲的机会，在试讲过程中发挥自己的能力，调动自己的情绪，不仅要发出声音，还要传递出情感。

与上述年轻歌手不同的是，有一位年轻讲师却没有把试讲当成"试金石"。他的人生的第一堂课将在一周后上演。与其他人一样，他也做了一定的准备，甚至拉来自己的父亲、母亲充当学员去听课。

试讲的时候，他的声音不洪亮，感情也并不是很饱满。试讲完毕，年轻人的父亲对他说："儿子，你的课程内容编排是不错，但是声音太小了，我们听不清楚。如果在一个大讲堂里，恐怕学员们都听不见啊。"事实上，这是一件迫切需要解决的事情，但是这个年轻人说："老爸您放心吧，在讲堂里讲课，一般都会配

069

备麦克风和音响的。有了那些专业设备，您就会听得很清楚了。"

一周之后，他应邀去了某企业给学员们进行授课。登上台之后，企业工作人员告诉他：音响设备暂不能用，只能靠讲师的声音了。听到这样的话，年轻人颇为无奈。讲课开始了，年轻人按照试讲那样去讲，而且他还稍微提高了一些声音。但是他也发现了一个问题，当他提高声音的时候，节奏、气息也随之发生了变化，这样的变化与平时讲话的情况不同……总之，非常糟糕！学员们对他的授课没有兴趣，甚至有些学员指了指自己的耳朵："老师，你的声音太小了，我们后排的人听不清楚。"

年轻人出师不利，以至于差点儿丢掉自己的工作。试讲是演讲的试金石，相当于产品出厂前的"内检"工作。如果试讲不成功，演讲也可能会失败。为什么要给试讲找一名听众呢？就是要让听众说出自己的感受，让演讲者把听众当成镜子，去认识自己，调整自己。除此以外，演讲者在试讲的时候，还要把自己的所有潜能挖掘出来。提前挖掘出自己的潜能总比在舞台上"现场挖掘"要好得多。每个人都有自己的潜能，有的人能够将自己的歌声放进演讲里，有的人能够在演讲过程中展示自己的其他才华。不管如何，声音是演讲者的"看家本领"，如果我们没有在试讲中展示自己的声音，那么将会浪费试讲的机会。正如有位知名的演讲家所说："演讲始于试讲，试讲始于你的重视。"

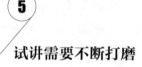

试讲需要不断打磨

前面我们多次提到"打磨"二字。打磨是一个非常重要的步骤，只有经过打磨，才能够出精品。人们为了让一块木头发出漂亮的光泽，需要用不同目数的砂纸进行打磨，先是 100 目，然后是 300 目，600 目，一直到 5000 目，甚至 7000 目，砂纸打磨结束，还要用羊毛毡去抛光。如果人们只是将树上砍下来的木头稍加处理而不去打磨、抛光，木头也就不会产生光泽。

对于一个演讲者而言，在试讲之前就应该细致打磨自己的演讲稿。俗话说，慢工出细活儿。慢慢修改、调整自己的演讲稿，让自己的演讲稿没有错误，更加完善。试讲之前，打磨演讲稿到底有哪些意义呢？通常来说，有以下几个方面：

一、 纠正错误

每个人都无法确保自己所撰写的演讲稿是没有错误的。如果出了错误，而我们没有及时纠正过来，等我们上了演讲台，恐怕后悔也就来不及了。

有一个人参加了一场演讲比赛，这场演讲比赛对许多参赛者都有极其重要的意义。这个人非常自信，他认为自己撰写的演讲稿是非常好的，如果能够全面展示，他一定可以收获无数粉丝。但是，令他万万没有想到的是，当他演讲完了之后，评委却说："你的演讲水平是不错，但是你呈现的历史故事是假的，不存在的。另外，你有多处论点与论据不符。"

试想一下，如果这个人在登台之前，甚至在试讲之前仔细打磨自己的稿件，并且一一检查案例和论点、论据，就不会出现这种低级错误。打磨的过程就是纠错的过程，只有纠正演讲稿里面的错误，才能够做到演讲没有大失误。

二、 优化句子

对于写作者而言，他们常常会对作品中的所有句子都认真打磨一遍：是否存在语法错误，是否存在前后矛盾，是否可以换一个更加贴切的词……这让笔者想起一个案例：

有一个婚礼主持人主持婚礼，他对婚礼现场气氛一直把控得非常好，控场能力也不错。后来现场切换了音乐，主持人向新人送上祝福语。祝福语一出，来参加婚礼的人频频摇头，有人说："祝福语跟音乐不协调，而且句子也不优美，给人一种很生硬的感觉。"

因此，对于一名语言工作者而言，提升自身的"文学素养"很重要，要不断打磨演讲稿，并且能熟练运用语言、优化语句。优美的语言也是演讲的"闪光点"。

三、 养成习惯

事实上，好习惯都是"打磨"出来的。优秀的人往往会细致打磨自己的"人生"。有一位制表师是这样理解"打磨"二字的："一块精致的、昂贵的机械手表，一定经过精心的打磨。经过打磨的机芯，不仅走时更加精确，而且还会给人以美的享受。一块没有经过机芯打磨的手表，它完全是工业时代流水线的产物，是一件商品，价值只值几百块钱；一块经过精心打磨的机械手表，它更加体现匠心，是一件艺术品，价值可能有几万块钱，甚至更多。"那些常年从事"机芯"打磨工作的制表师也拥有一种好习惯：做事缜密，不会留下任何瑕疵。打磨演讲稿也是这样的道理。如果一个人养成了打磨演讲稿的习惯，他也会有耐心、认真、仔细等好习惯。英国哲学家普德曼说过一句话："播种一个行动，你会收获一个习惯；播种一个习惯，你会收获一个个性；播种一个个性，你会收获一个命运。"

不管如何，一个人只有细致打磨自己的演讲稿，才能够做到不犯错误，让自己的演讲更加精彩。

第七章　演讲前的服装准备

1

恰到好处的"少"

穿衣服是一门学问，如果穿得恰到好处，不仅能够提升自己的形象，还能够给人一种干净、干练的感觉。我们常常看到节目主持人的穿搭，他们选择的服装不仅大方，而且非常"简单"。或者说，我们可以用恰到好处的"少"来形容他们的品位和穿搭。如果一个人盲目追求雍容华贵，反而会给别人带来不好的视觉体验，自己的整体形象也会大打折扣。

有一个女子于菲菲准备应聘一家日本企业。这家日本企业是世界五百强，待遇非常好。如果于菲菲能够进入这家企业工作，将对她的职业生涯有很大的帮助。

接到这家公司的面试通知书，于菲菲非常开心。她认为："只要能够进入面试环节，我非常有把握被他们看中。"事实上，于菲菲是名校毕业，而且大学期间也有非常好的实践经历。换句话说，她已经有一些不错的社会经验了，此外也了解面试环节的种种细节。除了傲人的学历之外，于菲菲还有一副好口才，她甚至还有不错的日语基础，能够与日方人员进行交流。许多人都认为，于菲菲肯定能够进入笔试环节，并成功入职这家公司。

为了面试，她专门去商店选择了一套职业套装，并且按照"日剧"里面的职业女性的装束进行打扮。面试之前，她还问自己的闺密："你看我这身衣服怎么样？适合去面试吗？"她的闺密说："非常不错，你只需要将面试的'口头表达'环节做好就行了。"

于菲菲顺利通过了面试。面试这关过了之后，她继续等待笔试机会。半个月过去了，于菲菲终于接到了笔试通知书，笔试官告诉她："参加应聘的新人超过了一百名，你很幸运，我们最后选拔了三个人你是其中之一。"由于准备充分，于菲菲笔试也过关了，并且在自我展示环节也表现得十分出色。入职之后，有一位企业高管告诉于菲菲她成功入职的原因："于菲菲，你非常会'打扮'自己，形象和气质都非常符合我们企业的要求。企业不喜欢那些打扮得花里胡哨的人，而是喜欢那些穿着得体的人。"

什么是恰到好处的"少"呢？对于一名演讲者而言，既要穿着大方，还要体现出一种"简约之美"。喜欢看职场剧的朋友都知道，许多职场人的穿着都能够体现出一种简约之美，这种"简约"恰恰适合演讲台。对于听众而言，他们来听演讲，关注的是你的声音和你的整体气质，而不是你的花哨的、复杂的穿着。

一、穿得"少"体现一种化繁为简的思想

如今，人们的生活节奏非常快，因此也诞生了一种"快"文化和"简"文化。对于一名普通职场人而言，西服、职业套裙等是最常见的穿着。这些衣服不仅简单，而且能够体现社会的节奏和特征。多不一定好，雍容华贵可能是一种"臃肿"。简单、大方的穿衣风格已经成为许多人的选择。有一位知名的演讲者，他在舞台上只有一种穿衣风格：白衬衣，西裤，皮鞋。许多观众看到他的时候，脑子里马上就能想到"职业"二字，而这个形象体现了化繁为简的思想，也能够给人视觉上的享受。

二、 穿得 "少" 体现线条

众所周知，胖子的形象不如瘦子的形象受人欢迎。有人问："难道胖子就没有机会站上舞台了吗？"答案是否定的。如果一个胖子学会穿搭，或者能够穿简单的、体现"线条"的衣服，就能够提升自身的形象，说不定还能够把胖子变成"瘦子"。另外，还有一些衣服具有适当"裸露"的特点。穿搭女王伊万卡总能给人留下深刻的印象。她的穿衣风格既简单又能够体现出一种职业范儿、女王范儿。这样的穿衣风格不仅大方，而且性感，并且能够修饰出一个人的身材，展现穿衣人的曲线之美。如果一个人穿得"少"，就能够最大限度地展示自己的身材和魅力，给人一种美的享受。

对于一名演讲者而言，穿衣打扮非常有讲究。不仅要选对服装，还要选择简单、能体现线条的得体服装。

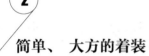

简单、 大方的着装

上面我们已经提到了"简单"和"大方"，本节我们进一步解密简单与大方之间的关系。

人们经常看电视新闻，电视新闻中的国家元首和元首夫人的着装都是非常大方的，而且能够突出他们的气质。人们也能够看到，他们的着装并不复杂。随着社会的发展，人们的服装越来越简洁、干练……百褶裙的褶子越来越少，拖地长裙逐渐被中短裙所代替。现实中，绝大多数人都能够接受这一种"简单"思维，用最简单的着装展示自己独特的魅力。

有一个女主持人，她也是一个穿搭达人。在她看来，着装就是自己的职业。她说："站在舞台上，我需要做好两件事：第一件事，把节目主持好；第二件事，让观众记住我。"如何才能够让观众记住呢？除了把节目主持好之外，还需要给观众留下一个落落大方的形象。

女主持人回忆："二十年前，我刚刚参加工作。得知可以登台主持节目，我非常激动。老主持人对我说，一定要把衣服穿好，穿出自己的特色。那时候我还很年轻，不知道'特色'是什么。于是，我买了许多件衣服，然后将几种颜色的衣服搭在一起穿。那时候我在想，颜色丰富、有层次感就一定是美的。令人没有想到的是，我的第一次主持非常失败。回到台下，我们台的一位导演对我说：'丽丽，你怎么穿成这个样子？像这样的套裙，还不如用一件连衣裙和一件衬衣替代。你给观众展现了一个非常臃肿的形象，以后要注意。'从那以后，我开始注重自己的着装，并且选择一种简单的方式。"

一名成功的演讲者一定也是一个非常懂得穿衣服的人。这位女主持人之所以能够立足竞争激烈的主持界，不但因为口才出众，而且因为她拥有一套穿衣秘籍。她的"秘籍"非常值得大家去学习。

秘籍一：选择简约套装。

如果一个人还没有学会如何穿衣，不要盲目购买一大堆衣服盲目"混搭"，倒不如直接购买一套简约套装，如男士西服套装、职业女装套装，这些功能性较强的"套装"不仅简单，而且设计也是非常考究的，适用于多种商务场合。演讲是一种商务活动，应聘是一种商务活动，讲课也是。我们常常能够看到，商务活动中的人士身穿商务套装，而商务套装最大的特点是：体现商务性，简单，功能性强。

秘籍二：想办法扔掉一件。

许多女生喜欢穿连衣裙，连衣裙非常简单、直接，而且能够凸显女性的优美线条。还有一些女主持人会选择旗袍，旗袍是中国的传统服装，做工考究，能够体现女性之美。但是有些人总会"弄巧成拙"，总想再多穿上那么一件……事实上，人们应该养成一个"想办法扔掉一件"的穿衣习惯。如果连衣裙是那种适合商务场合（舞台气氛）的风格，一件连衣裙、一双好看的鞋子就已经足够了。如果是一件旗袍，一件也就足够。曾经有一位男演讲家，他说："我演讲的时候，从来不会把西服穿在身上，一件衬衣即可；我也从来不会把领带系在领口，它的存在让我难以高水平发挥。"总之，他传递出一种穿衣思维：想办法扔掉一件，不要让沉重的服装影响你的形象和你的舞台发挥。

秘籍三：扔掉复杂的配色。

许多人的穿衣风格是"花里胡哨"，甚至把自己打扮成"色彩人士"。现实中，这样的台风多半被人诟病。一个深谙穿衣哲学的人，会扔掉那些杂七杂八的颜色，让服装的颜色衬托自己的肤色。如果一套西服色彩过于丰富，就会盖过人的形象。为了不让衣服"喧宾夺主"，就要想尽一切办法扔掉那些夺人眼球的配色，最大限度地还原自然状态的自己。

除此之外，衣服的混搭也是非常有讲究的，我们将在后面详细讲述。掌握穿衣的智慧，将有助于提升一个人的舞台魅力。

提高身段的"鞋"

人靠衣装马靠鞍，对于一个人而言，搭配一双适合自己的鞋子也非常重要。有些讲师身穿西服，往往会搭配一双皮鞋。那些著名的女性节目主持人，她们会选择一双好看的、得体的高跟鞋。还有一些影视明星，他们出席不同的活动会选择不同的鞋子。有一句话说："看人先看脚!"如果一个人穿了一身西服,而脚上踩着一双旅游鞋,恐怕就会给人留下一种不好的印象。

张萌萌是某企业的企划人员,由于爱唱歌、爱表演,她后来成为企业的文艺骨干力量,甚至全面负责主持企业的各种晚会。有一年,张萌萌主持了一场晚会。晚会上,她穿了一条白色包臀短裙,十分靓丽。但是台下有一些观众有自己的看法。

有的观众说:"人的形象没有问题,就是她的那双腿……换句话说,就是上身与下身的比例仿佛出了问题,总觉得别扭。"还有的观众说:"我觉得吧,可能是鞋出了问题。"

晚会结束之后,张萌萌回看自己的录像,结合观众的意见,她终于发现了问题:"是啊,是鞋子出了问题。原本应该选择一双9.5厘米高的高跟鞋,结果我选了一双6.5厘米高的高跟鞋,导致身材比例出现了问题。"

后来,张萌萌吸取了这次教训,每一次登台之前她都会选择一款更加适合自己的鞋子,体现自己的身材和身材比例。

现实生活中,很多人经常是完全选择错了"鞋子"。有一个故事是这样的:

有一位小有名气的艺人准备参加一场娱乐颁奖晚会,参加颁奖晚会的都是一些知名人士。事实上,许多名人都有自己的形象设计师,或者自己本身非常懂得穿衣打扮、选择鞋子,但是这名艺人两者都不具有。颁奖的时候,他穿着一身休闲装,却踩了一双非常"正式"的鞋子,给人一种非常不协调的感觉。一天之后,有一个微博博主写道:"穿鞋子真是一门学问啊,如果在颁奖现场穿成这样,肯定会掉粉。"令人想不到的是,这条微博点击量达数万次,这位艺人也变成了众人调侃的对象。

对于即将登台表演的人而言,如何选择一双鞋子呢?通常来讲,可以这样去做:

一、 舒适为先

鞋穿在脚上，舒服或不舒服只有自己知道。如果鞋太硬，人就会觉得不舒服。不舒服的鞋子穿在脚上，就会给人带来不好的心情。试想一下，心情不好，还有心思全面展示自己的形象吗？有人问："为什么还有那么多人选择高跟鞋？高跟鞋一定是不舒服的。"对于许多职业女性而言，在漫长的工作生涯中，她们多数能够适应高跟鞋，并不会因此感觉不适。如果一个人选择了一双"上脚"感觉不舒服的鞋子，建议最好更换掉，应该舒适为先。

二、 美观同行

鞋不仅仅是"鞋"，还是装饰品。如果鞋子不好看，恐怕整体形象也不会太好。有一个人参加演唱比赛，其他歌手都选择了一双得体的鞋子，唯独他踩着一双黄色胶鞋登场。虽然他嗓音不错，也非常有潜力，但是有一位女性评委还是给他灭了灯。这位评委说："虽然你很有天赋，但是你不重视自己的形象。"穿鞋，就是要选择既舒服又美观的鞋子。如果一个人非常会选择鞋子，大概他的穿衣风格也会很高级。有一位穿鞋达人说："我有许多双好看的鞋子，这些鞋子是我的赚钱工具。人们看到它们好看，才会从我这里购买。"不管如何，鞋子好看或不好看，观众一眼就看得出来。

三、 体现身材

高跟鞋并不是一种穿上去非常舒服的鞋子，甚至是一种对脚不健康的鞋子，即使是这样，为什么还有许多人要穿呢？在笔者看来，高跟鞋是一种符合某些场合的"功能性"鞋子，它可能不需要你一直穿着，但是需要你在某个场合把它当成某种道具而短暂地穿上它。现实中，许多节目主持人主持结束之后，都会把高跟鞋换掉，换成健康又好看的平底鞋或者低跟鞋。

如果一名主持人、老师、讲师、演讲者等能够选"对"鞋，不仅能更好展示身材和品位，还能给观众留下好印象。

4

提升气质的配搭

在笔者看来，选择适合自己的配搭能够提升一个人的气质。

一般而言，一个人年龄超过 35 岁，会开始变得沉稳，选择服装也要以沉稳、大方、简约的风格为主。文倩是一名资深讲师，她一直给学员一种非常强大的气场。她是如何穿衣的呢？

流行款的套装：除了黑色、深色的西服套装之外，还有许多市面上的流行款套装。只要这些套装看起来不轻浮，且属于"浅色系"，也可以选择。文倩说："选择流行款的套装是针对那些不会搭配衣服的人来讲的，套装简单省事，服装设计师已经为许多职业人士量身设计了新款服装。"另外，有一些流行款的套装还会加入"复古风"的元素，而这种"复古风"的元素能够起到减龄效果。总之，选择流行款套装是一个简单、直接的配搭方案，且配搭失败的风险低。

纯色系职业装：许多讲师、演讲者都是西装革履式的打扮，这样的打扮给人一种庄重感，尤其是男性讲师和演讲者。对于女性而言，选择纯色系的职业装也是非常好的。文倩说："有一次公开课，我选择了一款米色系的职业装，搭配一双高跟鞋。公开课结束之后，收到了非常好的反响。在我看来，除了上课的整体水准外，这样的一身服装也起到了助推器的作用。"选择纯色系的职业装，给人一种整齐、整洁之感。还有一些女性讲师或演讲者选择纯色系的、修身的连衣裙，也能够有非常好的效果。

黑色系职业装：黑色系服装是一种"恒久"流行的款式，也是职场人士的首选。绝大多数的演讲者、讲师都会选择黑色西服。黑色西服不仅给人一种职业感，还会传递出一种"价值"，这种"价值"与演讲者所演讲的精神内核息息相关。还有一些女性选择黑色的连衣裙，而小黑裙也是香奈儿公司推出的经典款，很长一段时间内都不过时。由此可见，黑色职业连衣裙也是非常好的选择之一。如果再适当搭配珠宝或者珍珠项链，就更加能够提升一个人的气场。文情说："如果一个人完全为了简单，倒不如直接选择黑色系的职业装。"

除了上述三种配搭方式之外，我们的职场人士、演讲者们还要注意以下几项选衣禁忌：

避免选择有褶皱的衣服：现在许多服装品牌都有一些"新奇款"，这些衣服造型非常别致，有的还带有褶子。但是对于一个即将登台的演讲人而言，还是要避免选择带有褶子的衣服，要选择一款没有褶子的、平滑的衣服。这样的衣服能够给人一种干净的、整洁的感觉。

避免选择太花哨的衣服：许多年轻人喜欢花哨的衣服，给人一种特立独行的感觉。但是演讲舞台不是一个展示个性的地方，而是一个展现思想风采的地方。因此，一个演讲者选择登台服装时，不要选择这种夺人眼球的花里胡哨的服装。穿着这样的服装登台演出，会给人一种不严肃、浮夸的感觉。如果选择街头走秀，花里胡哨的服装还是可以选择的。

避免选择设计非常复杂的服装：有一些服装设计师为了展示自己的设计才华，会设计一些"走秀款"服装，这些服装有的极其简约、性感，有的却非常复杂。演讲舞台上，人们应该选择功能性强、大方简约的款式，而避免选择设计复杂的走秀款。走秀款时装更加适合 T 型台表演，而非演讲人的现场演讲。

避免选择过于暴露的衣服：前面我们简单提到，过于暴露的服装虽然提升一个人的"性感"度，却不适合严肃的演讲会场。试想一下，一名演讲者穿着比基尼样子的服装站在舞台中央进行演讲，是不是显得非常滑稽？因此，演讲者要避免选择这类服装，而是选择一款"安全"装。

如果你依旧不会选择服装，不如选择黑、灰、白三色的"经典款"。有句话说："黑、灰、白三色永远不会过时，过时的只会是其他颜色。"

5

抓眼球的 "亮色" 着装

人靠衣装马靠鞍，一件合身的、好看的、亮眼的衣服能起到画龙点睛的作用。不同的场合也要搭配不同颜色的衣服。

吴鹏是一位资深司仪，几乎天天都会跑婚礼现场。刚刚做司仪的时候，他在着装方面的选择是：黑色或者深棕色的西服。有一年他主持了杭州的一对新人的婚礼，他穿了一套黑色西服、一件白色衬衣，呈现一种非常干练、庄重的形象。

他的主持技能非常好，控场也到位。婚礼结束后，他走到场下，有一个人走到吴鹏跟前，对吴鹏讲："今天你主持得很好，但是……"

"但是?"吴鹏有些好奇到底发生了什么，于是他继续说，"是不是有问题？您尽管提出来。"

这个人是新人的一个亲戚，也从事过婚庆方面的工作。他告诉吴鹏："你选择的衣服，颜色太暗了！今天是大喜的日子，你可以穿一件颜色活泼一点儿、显眼一点儿的衣服。你是婚礼主持人，不是播音员，完全可以再开放一点儿，不要局限在一个颜色里。"

吴鹏接受了建议，并且开始尝试"新颜色"。不久后吴鹏主持了另一场婚礼，还是在杭州，这对新人都是海归。吴鹏为他们提供了几种风格，他们选择了海洋主题的婚礼风格。为了配合这个主题，吴鹏特意选择了一套蓝色西服。

当他出现在婚礼舞台中央时，马上就"抓住了大家的眼球"。

加上他流畅、幽默的现场主持，全场人给予他非常高的评价。婚礼结束后，吴鹏收到了许多名片，也有婚庆公司主动找吴鹏联系主持业务，并且给出很好的报酬。如今，吴鹏拥有一个婚庆公司和一个婚礼主持人培训公司。

有人说，穿亮色衣服显得轻浮，这样的想法是不对的。大家在电视节目中经常看到，许多晚会现场，主持人会穿各种颜色的衣服。比如中秋晚会和春晚，许多主持人会选择吉祥、高贵的红色。

有一位主持人徐畅，她在某地方电视台工作。她的专业是播音主持，她的穿着打扮一直比较严肃、正统，以灰色系或者冷色调为主。后来工作调整，她从新闻直播间走到了台前进行主持。

某年该台的春节晚会，晚会导演看过排练之后，找徐畅谈话："你选择的这套衣服太严肃了，毕竟是春节，要有点儿'颜色'！"于是，徐畅连续换了几套衣服，最后选择了一套时尚又不失庄重的红裙。

主持行业里，著名节目主持人谢娜、杨澜等都穿过亮眼的红裙来主持节目。徐畅选择了这样一种大红的"亮色"，晚会开场，徐畅的红裙非常亮眼，加上她皮肤白皙，给观众一种非常好的视觉享受。

徐畅因春节晚会一炮打响，人们也记住了她的主持风格和扎实的台风，更记住了她的形象。

还记得作为2020年央视春晚主持人之一的佟丽娅吗？演员出身的佟丽娅身穿一身红色连衣裙，这身衣服非常喜庆、亮眼，提升了佟丽娅的主持人形象，让这个没有春晚主持经验的新人火爆了一把。

着装是一种语言，这种语言与肢体语言、口头表达语言一样重要。如果一个人学会了利用着装提升形象，能在不同的场合让人眼前一亮"，便等同于进行了一场"修辞"晚会。我们的主持人、讲师、演讲者们要灵活选择颜色，给自己一次展示的机会。

6

选一套高品质的正装

前面我们多次提到，不会配搭服装的人可以直接选择一套品质较好的套装。套装的种类有很多，有的偏休闲，有的侧重于商务，还有的非常时尚。对于一个演讲者而言，选择一套高品质的正装是非常有必要的。

笔者有一位朋友，他是企业培训师，经常游走于全国各地，他的皮箱里有一个秘密武器。他说："我的秘密武器就是一套黑色的西服，这套西服是我上课时候才穿的。"不就是一件西服吗？它有什么特别之处呢？他说："我的这身西服是量身定做的，价值不菲，布料来自意大利，由顶级裁缝缝制。"事实上，许多节目主持人也会选择量身定做的衣服。量身定做的西服有一个特点：穿着舒适，能够最大限度地展示一个人的身材魅力。笔者的这位朋友虽然个子不高，甚至有些发福了，但是他却说："当我穿上这身衣服，我的自信也就跟着回来了。"现实中，还有一些人确实因为不在乎或者不重视选择一款高品质的正装而错过机会。

有一个年轻人叫王鹏，他参加了某电视台举办的"主持人"大赛。王鹏是科班出身，毕业于国内一所知名学校的播音系。王鹏说："我希望自己有朝一日登上央视的舞台，成为一名央视主持人。"梦想是好的，但是需要点滴积累才可以实现。

事实上，为了这次主持人大赛，王鹏进行了精心的准备。他来到省会一家高端服装定制店，打算为自己选择一款高质量的中山装。当他听到五位数报价时，他开始打退堂鼓了。回到家中，他的父亲对他说："衣服不是最重要的，只要你有实力，怎么都可以晋级。"后来，王鹏退而求其次，选择了一款一千多元的普通西服套装。

比赛开始后，王鹏看到许多参加比赛的主持人都身穿高端西服，笔挺的身材能够提升自己的气场和自信。此时的王鹏有一点儿后悔了。上台之后，王鹏开始自己的表演。当他看到评委、选手似乎异样的眼光时，他的那种不自信反而取代了他的自信。比赛结束后，得知自己没有晋级的消息，他非常失落。后来，有一位评委老师对王鹏说："王鹏啊，你非常有实力，整体表现也不错。但是你的整体形象……其实你输在了印象分上。你为什么不去定制一套高品质的衣服呢？虽然花点儿钱，但是相当于给自己'投资'。"

第二年，王鹏再次报名参加主持人大赛。这一次他花两万元"投资"了一套高品质的西装。当他穿上这套西装，西装自身的价值仿佛转移到了王鹏身上。这一次，王鹏晋级决赛，并如愿成为一名职业主持人，后来在某电视台主持综艺节目。

为什么要选择一款高品质的正装呢？什么又是高品质呢？高品质体现在以下两个方面：

一、 布料品质高

一款高品质的服装，材质是决定性因素。众所周知，衬衣的"支数"越高，品质也就越好。布料决定衣服的"型"，而"型"则赋予人更好的气质。俗话说："人靠衣装马靠鞍。"许多高端西服定制店，会选择进口的、高档的布料，这种布料不仅手感好，也给人以很好的视觉效果。许多顶级培训师会选择200支或者200支以上的衬衣，这样的衬衣布料呈现丝绸般的质地，并且有一定的光泽度。

二、 工艺品质高

之所以叫高端定制，不仅仅是材料上的高端，还是工艺品质上的高端。著名的红顶裁缝就是做高端定制的，拥有强大的工艺团队，里面的裁缝也是顶级的服装设计师。从测量到打版，从打版到裁剪，从裁剪到缝制，每一步都体现出细节。这样一件衣服，已经不是一件普通的衣服，而是艺术品。流水线的"成衣"不注重细节，也难以有高品质的人工工艺。俗话说："一分钱一分货。"高品质的工艺一定是耗时费力的，但是也能给一个人增加自信和价值。

　　笔者的建议也是如此："给自己选择一款高品质的正装。"谨记，一定是"高品质"。当你穿上这样一件衣服，你也会获得自信和机会，从而提升自己的形象，让自己的舞台表现更富有魅力。

第八章　演讲工具的准备

1

情感工具：　拿出真心

有人说，演讲也是以心换心的活动。还有人说，真心对待自己的听众，听众才会真心对待你。但是演讲仿佛是一种"单向"的情感输出活动，这种活动好像是一个人去完成的……事实上，演讲活动是演讲者与听众共同完成的活动。演讲者发自肺腑的演讲，往往也能够打动听众。如果演讲者把听众当成道具，也就无法得到听众的支持。

胡可在某电视台做主持人。后来，他参加了一个演讲比赛类节目。胡可的口才非常好，作为主持人的他也非常重视自己的形象。他非常重视这个比赛，而且希望通过自己的演讲宣传自己的思想。与胡可一起参加比赛的还有一个企业老板，这个老板阅历丰富，而且语言组织能力非常强。

第一场比赛，胡可的演讲题目是"家庭"。家庭里有家庭成员，家庭成员靠亲情维持着相对稳定的关系。胡可向听众们呈现了自己的家庭，讲述他与父亲、他与母亲、他与妻子的真实的故事。胡可就是故事中的儿子和丈夫，而且如实地、真诚地还原了家庭。胡可的故事让许多听众觉得"似曾相识"，听众为胡可进行了为时 15 秒的鼓掌。

由此可见，胡可的演讲非常成功。

企业老板演讲的题目是"人生"。这位企业老板阅历非常丰富，曾经在企业做过工人，还经历过下岗，创办过公司，又经历过失败，失败之后再次创业，最终取得成功。企业老板曲折的人生经历也引起了轰动，台下有一位听众说："这个老板经历的事我也曾经历过，非常真实。而且，我觉得他的成功不是一种运气，而是自己努力的结果。我很佩服他。"这个企业老板的演讲也非常成功，并引起了很大的反响。

与他们两人一起进入半决赛的还有一个女孩，姚婷。姚婷是一位身患白血病的母亲，后来经过骨髓移植，病情相对稳定了，她讲述的故事是《病房里的故事》。《病房里的故事》也是一个真实的故事，讲的是她所感受到的人间温暖和社会对她和她的孩子的帮助，以及她与女儿、丈夫之间的故事。姚婷讲完了自己的故事后，许多听众都潸然泪下。有一位听众说："我是一名医务工作者，在医院里，经常发生这样的事情。她的故事非常真实，她没有故意装可怜。"

事实上，胡可、企业老板、姚婷都不是这次比赛的种子选手。有一个种子选手叫曹强，他是一名报社编辑，能写一手漂亮的文章。在被众人看好的情况下，他被淘汰了。他的演讲叫《我》。这是一个发挥空间非常大的题目，如果把握住"灵魂"，引起听众的共鸣，就会取得非常好的名次。令人惋惜的是，曹强很早就被淘汰了。他的演讲刚结束，就有评委质疑曹强："小曹同学，这是你真实经历的故事吗？"曹强说："这不是我的故事，是我身边的朋友经历的事情。"评委认为曹强不真诚，于是点评道："如果不是你自己的故事，题目怎么是'我'呢？"很显然，曹强并没有向听众真情告白，而是随便编了一个故事来"欺骗"听众。

除了上面几个选手之外，许多选手被淘汰的原因并非口才问题，也是因为不真诚。有一位有实力的演讲者完全把听众抛开，自己讲自己的，不与听众进行任何表情、眼神、肢体动作方面的沟通。后来，有一位听众说："如果你不把我们放在眼里，我们也不会把你放在眼里。"

这场演讲比赛的冠军是胡可。他夺冠的主要原因有三个：第一，口头表达能力强，会煽情，能够打动评委和听众；第二，讲述的故事具有真实性，且故事具有普遍性；第三，演讲过程中，一直与自己的"衣食父母"有足够的沟通，举手投足、每一个动作都能够体现出自己的真情。三个夺冠因素汇聚成一个因素就是：真诚。

只有你付出真心，别人才能以真心回馈。俄国社会活动家柯罗连科说过一句话："当一个人不仅对别人，甚至对自己都不会有一丝欺骗的时候，他的这种特性就是真挚。"只有对听众付出真实的情感，才能做好演讲。

② 内容工具： 感人故事

我们总是能够从演讲台上听到一些感人至深的故事。事实上，感人故事是最能够打动听众的。如果一名演讲者能够给听众奉献一个感人故事，也就能够让自己的演讲充满感情。

每个人都有自己的经历。对于一个成年人而言，他的过往通常是非常丰富的。笔者听过这样一堂演讲，演讲人是一名医生，他凭借自己的"感人故事"拿到某个演讲比赛的冠军。这名医生还是某三甲医院的科室主任兼副院长，也是许多患者鼎力支持的一名好大夫。

这名医生叫孙健。他的演讲是非常平和的，并不依赖激情，而是依赖故事。他讲了一个"病人看病"的故事：

有一位病人，他的家属从山区将他送到医院时，他整个人已经处于休克状态了，一到医院就被送往了抢救室抢救。抢救是一门学问，而且也是医生必备的素质。过去我的老师告诉我："抢救体现一名医生的最高素质。"医院科室组织优势力量对病人进行抢救。在抢救过程中，病人家属神色非常慌张。在其他医生的安抚询问下，病人家属说："虽然我们把他送来了医院，但是我们可能拿不出治疗费用……这可怎么办？"通常来讲，医院是很难减免医疗费用的。并不是医院太过冷漠，而是医院的运营也需要成本。因为无法减免费用，我就告诉我们科室的其他成员："现实是，这名患者没有钱治疗。但是人既然送到我们这里来了，我们也要负责到底。如果可以的话，我建议我们帮助患者分摊这一次治疗的费用，后续费用我再想办法协调。"没有想到的是，我们的团队非常给力，每个人都果断举手同意。这名患者被抢救了过来，而且已经康复出院了。我想说的是，在生命面前，我们的责任要远远超出金钱。人的生命只有一次，为了这一条生命，我们还要肩负起除了金钱之外的责任。

孙健医生的演讲非常精彩，而这个小故事也打动了所有的听众。是啊，医生是白衣天使，白衣天使是来救人的，即使面临各种各样的问题，他们也会尽己所能。在决赛的时候，孙健医生依旧讲了一个故事：

因为工作缘故，我经常加班，甚至出差，与自己的女儿聚少离多。有一年，我外调去外地医院，大概有八个月的时间没有见到她。八个月后，当我看到她，她已经是一个大孩子了。短短八个月，竟然长了十厘米。是八个月太久了，还是生命给每个人的时间都是急促的呢？当她的脑袋能够到达我的肩膀，踮起脚尖就能够搂住我的脖子，给我一个暖暖的拥抱时，我才突然感受到一种"压力"。这种"压力"来自女儿的不断长大和一个父亲的渐渐老去。平时，我们都在拼命工作，为什么要那么拼命？难道不就是为了这个家吗？但是当我回到家，推开门的那一刻，我反而有一种愧疚感。女儿从出生到现在，我陪她的时间太少了。为了自己的事业，为了这个家庭，我不得不继续做一名不称职的父亲。女儿，请你原谅爸爸。

孙健医生的这个故事不仅打动了听众，也让评委们潸然泪下。是的，这是一个非常普通的家庭故事，也是一个父亲与女儿的故事，还是一个与时间赛跑的故事。这样的故事太普遍了，普遍到几乎每家每户都发生过类似的事。但是，正是这样的故事往往能够引起共鸣，让听众们留下感动的眼泪。

什么是感动的故事呢？在笔者看来，感动的故事一定是"真实"的。如果我们讲的故事完全是杜撰的，且杜撰的故事中还存在荒诞不经的事，那么这样的故事一定是失败的。为什么给"真实"二字打上双引号呢？如果我们杜撰的故事没有脱离现实，或者是对现实生活的一个片段的截取和再加工，在符合逻辑的情况下，这样的故事也能够起到像真实的故事那样的作用。

感人故事是演讲的内容工具，也是至关重要的部分。一名优秀的演讲者一定是一个会讲故事的人，而且他能够给听众带来感人的故事，打动听众的心。

③

说服工具： 逻辑推理

一名优秀的演讲者不仅要会讲故事，还要善于在演讲过程中运用说服工具去说服听众。演讲的"说服工具"特指一种逻辑推理能力。如果一个人的"逻辑"出现了问题，就会被听众发现。逻辑缜密、能够层层推进的演讲是不会被听众发现问题的，并且还能够让听众更加信服。

人离不开逻辑，离开了逻辑，就会产生矛盾。演讲人想要提升自己的逻辑推理能力，还要做一些工作。

一、 分析内容

演讲人在演讲之前都会写一个演讲稿,演讲稿还需要多审查几遍。前面的章节中,我们讲过反复打磨演讲稿的重要性,在此不再赘述了。除此之外,演讲人要掌握一种分析内容的能力。俗话说:"脑子越用越灵活,越不用越迟钝。"如果一个人经常分析内容,或者做分析笔记,就会锻炼出一种分析能力。分析内容主要体现在两个方面:整理思路与建立自信。分析的过程就是整理思路的过程,而在整理思路的过程中,人们又可以建立自信。

二、 查找证据

现实中,有许多人不知道自己到底哪里犯了错。事实上,只是他没有检查而已。在查找证据之前,演讲人需要检查自己的演讲内容,反复求证。如果发现存在"争议"的地方,就需要查找证据。另外,人们在分析整理思路的时候,也常常质疑一些"知识点"。发生了质疑该怎么办呢?这时就需要查找证据了。消除自己的疑惑,才能够说服自己。事实上,一个人想要说服别人之前,先要说服自己。

三、 打破惯性

为什么许多人总会掉进同一个错误的陷阱里呢?这不仅仅是一种习惯,也是思维惯性导致的结果。因此,人们还要学会一种"反惯性思维"。如果一个人能够自由打破惯性,也就能够从错误的陷阱中跳出来。如何养成一种"反惯性思维"呢?在笔者看来,可以尝试做三件事:第一件事,多个角度思考问题,可以避免只从一个角度思考问题所带来的弊端;第二件事,试着去创造某个东西,而不是接受某个现成的东西;第三件事,常常质疑,培养一种怀疑态度。如果能够做好这三件事,一个人也就能够打破惯性思维,提高自己的逻辑能力和分析问题的能力。

本杰明·格雷厄姆认为:"观点正确与否并不取决于他人是否认同,只要事实和逻辑正确即可。"对于一名演讲者而言,不仅要有正确的观点和积极健康的视角，演讲还要符合事实和逻辑。许多人都喜欢看悬疑推理类的电影，层层推进的剧情是吸引他们的主要原因。为什么有的故事吸引人呢？不仅因为故事情节足够精彩，还因为它是丝丝入扣的，一环连着一环。逻辑出了问题，其中一环就会断裂，故事也就不再精彩，听众也会感到遗憾。

此外，还有一个大学教授整理了提升逻辑推理能力的方法，方法如下：第一，观察事物。许多人都会看，但是看不等于观察。观察是通过看的方式去思考问题。比如，当一个人看到花的时候，就会观察它的颜色、形状、结构等，这是对花的了解的过程。第二，玩推理游戏。许多人通过玩一些推理类的、益智类的游戏提升逻辑推理能力，而当下的益智类游戏非常多，人们可以直接用移动设备玩游戏，继而培养这种能力。第三，看推理类的书籍。许多人喜欢推理类的书籍，如推理小说等。多看此类书籍也有益于逻辑推理能力的养成。第四，设计故事。设计故事本来就是演讲人需要掌握的一项本领，演讲人可以尝试多编写故事，通过设计故事的方式锻炼自己的逻辑推理能力，可谓一举两得。

逻辑推理是工具，也是一种方法。掌握这种方法，演讲人就可以设计出逻辑缜密、丝丝入扣的精彩故事。另外，逻辑推理性强的故事也更加吸引听众，这样的故事也能够给听众带来足够的想象力，让听众更加喜欢你的故事。

4

展示工具： 多媒体

除了演讲表演之外，培训师、讲师、老师等从业者的工作更加离不开多媒体设备。有许多企业召开产品发布会，同样需要多媒体设备的配合才能够完美地展示。如今，多媒体设备的技术已经相对完善，不仅能够丰富现场内容的呈现，还能够给人们带来感官上的刺激，提升大家的注意力，让其将关注焦点放在舞台中央。

企业内训师陈珂从事内训行业超过 15 年，从最初的黑板式授课到现在的多媒体授课，他的感悟是："多媒体能够带来传统黑板无法展示的东西，而且多媒体能够提升呈现效果，让学员们学习更加认真。"传统黑板式授课只能通过手写笔去呈现内容。如果一名内训师的字迹好看，呈现效果会非常好；如果一名内训师的字迹难看，呈现效果就会不理想。

陈珂自 2010 年之后就选择使用多媒体授课。首先，他会根据教程编写课件内容，然后再将课件内容以 PPT 的形式呈现出来。如今，PPT 课件就是讲师、培训师、演讲人、产品发布官等的法宝，离开了 PPT 课件，仿佛少了一味重要元素。陈珂说："PPT 最大的特点就是色彩丰富，能够简单、清晰、直接地展示内容和思想，同时方便观众记录。另外，PPT 课件非常直观，具有非常好的带入性和引导性。"

在苹果手机的发布会上，我们能够看到乔布斯身后的背投，而背投上展示着苹果手机的特点。当乔布斯讲到一个关键点的时候，背投就会更新内容，将观众感兴趣的东西呈现在他们眼前。由此可见，多媒体设备是非常好的展示工具。陈珂说："学习并使用多媒体工具并不难，甚至一个月内就可以完全掌握了。"

多媒体工具到底有哪些好处呢？如果我们了解了它的优势，也就会主动学习并使用多媒体工具了。

一、 营造演讲情景

几年前，人们就开始讨论情景教学的话题了。情景教学与情景演讲是一样的。如果给听众营造一个更好的聆听情景，会不会提升听众的参与度呢？事实上，多媒体可以将声音、画面等放到演讲舞台上，以视觉、听觉等冲击人们的感官，调动积极性。因此，多媒体工具营造的情景会让演讲更加生动活泼，充满趣味性。

二、 提升演讲效率

众所周知，老师或者讲师在讲课过程中，如果需要用写字笔在小黑板上呈现课程内容，这样的"呈现"会占用老师或者讲师的讲课时间。以 40 分钟的课程来说，写小黑板的时间就用掉了整堂课的四分之一。换句话说，传统呈现工具拖慢了老师或者讲师的呈现速度。在这方面，多媒体工具强大许多。老师或者讲师可以将课程主要内容提前做好，上课的时候直接进行呈现。因此，多媒体工具可以大大提升上课或者演讲的效率，让老师或讲师呈现更多有价值的内容。

三、 能够突出重点

许多听众选择参加演讲会的主要目的是想从演讲者的演讲中获得有价值的信息。如果没有呈现工具的参与，想必许多听众难以抓住演讲的重点，甚至无法将有价值的信息记录下来。演讲人可以将自己所陈述的重点或者具有思想价值的东西利用多媒体工具展示出来，听众也就能够及时记录下来。

四、 培养想象力

想象力重要吗？在笔者看来，想象力是一种能力。众所周知，一个好故事就会给人一种想象力。如果将故事与多媒体工具呈现的情景结合在一起，会不会效果更好呢？演讲人通过多媒体设备呈现演讲的内容，能够培养听众的想象力，让听众更加深入地参与到演讲活动中。

多媒体工具是实用性非常强的工具，许多人都离不开它，特别是演讲人、教师、培训师、讲师等。

THE CONTENT OF
THE SPEECH

3
PAGE

演讲的内容

第九章　惊艳的开场白

好的开场白，应做到这几点：魅力自我介绍，启动听众注意，精彩导入主题，激发听众兴趣。

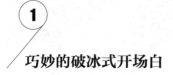

巧妙的破冰式开场白

俗话说："万事开头难。"对于一个演讲者而言，开场是非常重要的，现实中，开场的重要性对任何事情而言都是如此。对于一名短跑运动员而言，听到发令枪后的第一反应是非常重要的，反应速度越快，也就越能够领先一步；对于一个游泳运动员而言，入水后的第一反应也是最重要的；对于一名小说家而言，小说是否吸引人，开篇非常重要；对于一部电影而言，也是如此。我曾经看过一部电影的"首映"，这部电影是美国的一部商业大片。电影开始前的三分钟，大量的科幻效果就抓住了观众的眼球，瞬间打破了那种"冰冻期"。曾经有一名主持人在主持节目的时候，用了一句相声里的"俏皮话"瞬间引爆全场。可见，开场非常重要，尤其是"破冰"非常有意义。

什么是破冰呢？从字面上理解，就是打破冰面，让船舶能够正常航行。许多人都看过大型纪录片《北冰洋》，北冰洋每年到了冬季都要经历冰封期。为了确保船只正常航行，相关机构会出动破冰船进行破冰。从某种意义上讲，破冰是打破沉默的一种手段。网上给出的"破冰"定义是这样的："这个叫法起源于弗洛伊德潜意识的冰山理论，冰山理论是指人的心理就像一座冰山一样，意识的部分只占了很少的部分，而更大的部分是潜在的意识，或者说是不容易被分辨的意识，而破冰就是把人的注意力引到现在，因为注意力在现在无法或者不容易被潜在的意识影响，这样就可以达到团队融合，远离怀疑、猜忌、疏远，进而达成团队合作并培养互相的默契和信任。"破冰的重要目的是促进合作，提升信任度和黏合度。事实上，演讲者与听众也是一个"团队"，想要让听众听演讲者的演讲，演讲者就需要用一种破冰的方式开场。

破冰的方式有很多种，演讲者可以按照以下的方式巧妙破冰。另外，教师、培训师、讲师、主持人等工作者也可以学习这些方法，并运用到自己的工作中，方法如下：

一、 幽默的自我介绍

有些人天生具有幽默感，尤其是一些脱口秀演员，他们的自我介绍也非常抓人眼球。国外有一个脱口秀演员的破冰介绍是这样的："我可能跟大家不同，我出生了两次，而且还有两个名字。第一次出生，是医生将我从娘胎里抱出来的那一刻，可是他竟然又将我塞了回去……我有两个名字，第一个是爸爸给我取的，但是这个名字很快就被我的妈妈给否决了。原因在于，我爸是'妻管严'，一切得听我妈的。"当听众听到这个幽默的开场后，立刻被吸引了，并为脱口秀演员送上掌声。幽默的自我介绍不仅能够快速破冰，还能够迅速吸引听众的注意力。

二、 设定 "神秘" 环节

还有一些人会借助一些"神秘"环节进行破冰。有一个年轻主持人是这样破冰的。他在节目开始之前，拿着一杯水，然后对观众说："现在我手里的杯子是满的，但是只要我说'没'，杯子里的水就会变没了。"许多观众并不相信，有观众起哄："你肯定会把水倒掉吧。"

年轻主持人保持神秘状态，然后把水倒掉了。倒掉了之后，这个主持人说："那位先生，您猜对了。因为我不懂魔术，只懂得如何主持节目。"总之，这些神秘的"环节"非常奏效，还有一些演讲者会通过一个魔术或者游戏去破冰，也能取得不错的效果。

三、 走心的故事

还有一些演讲者会在演讲之前快速进入状态，并保持一种严肃且感性的状态。当音乐响起的时候，他就开始讲自己的故事。其中有一名演讲者是这样进行破冰的："记得三年前，我离开学校的时候，我的老妈对我说'儿子，我们不求你能赚到钱，只要你好好的，就是对我们最好的回报'。记得一年前，我因一场车祸而重伤住院，我的老妈还是对我说'儿子，只要你好好的，就是我们最大的幸运了'。三天前，我的老妈还是说了类似的话……"听到这样一个走心的开场故事，许多听众已经落泪了。现实中，许多人通过这种方法迅速破冰，并起到了不错的作用。

破冰的方式有很多种，人们可以在生活、工作中去整理总结。如果一个人能够成功破冰，也相当于打响了胜利的第一枪。

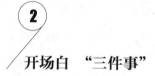

开场白　"三件事"

前面我们讲到，破冰的方式有很多种。诙谐幽默的自我介绍可以破冰，引人注意的开场白也是如此。开场需要勇气，许多人刚刚站上演讲台就戾了，不知道如何组织语言进行开篇。许多著名的演讲家都会强调一件事："能够站上讲台，就展示了一种勇气。"换言之，只有调整好自己的状态，消除了紧张感和恐惧感，才能够登台演出。

现实中，许多人都能够开场，只是他们设计的开场白毫无吸引力而已。年轻人冯珊珊非常希望通过锻炼口才当上一名企业内训师。因此，她参加了企业、有关机构等组织的无数场演讲比赛。说起她人生的第一次演讲，可谓非常失败。

她第一次登台的开场白是这样的："评委们、现场朋友们，大家好！我叫冯珊珊，今天演讲的是《外婆的清平湾》。"当她简单介绍完了之后，台下并没有什么反应。冯珊珊百思不得其解，难道是她的演讲题目出了问题吗？当她演讲完了之后，听众依旧没有什么反应。她下台之后观察台上的其他演讲选手的情况，她发现了一个问题："如果开场没有特点的话，也就无法引起大家的兴趣了。"

后来，她开始研究如何开场。在某次演讲上，她的演讲题目是"狮子与老虎"，她的开场白是这样的："新年即将来临，大家是不是都有自己的新梦想了？有梦想的举下手，我看一看。"此时，大家的情绪被调动了起来，绝大多数的人纷纷举起了手。此时她又补充道："有梦想就会有光明照着你。我也有一个梦想，我梦想今年能够多赚钱，多旅行，多与朋友聚会，多回家看看……哦，可能只能实现一个，也可能多个，但是我们可不能太贪婪哦。之前有位先生告诉我，他的梦想是去火星看看。最后他乘坐 26 路公交车绕着城市看了看。"这样幽默的开场白让听众们不由得露出笑容，冯珊珊的演讲也引起了不小的轰动。

除了上述这样的开场白之外，还有一些人的开场白简单直接，他们会告诉你来这里的目的是什么。乔布斯出席新产品的发布会时，他的开场白是这样的："今天上午，我们准备了一些非常神奇的东西要展示给大家。"事实上，乔布斯的这个开场白蕴含了很多信息：第一，神奇的东西。神奇的东西到底是什么？一定是新创意问世了，而这个创意是参加发布会的观众非常期待的。第二，非常。"非常"一词有别于其他，这说明乔布斯带来的神奇的东西绝非一般的东西。第三，展示。毕竟是一个产品发布会，向客户展示产品就是乔布斯来这里的目的。因此，到场观众非常期待乔布斯接下来讲的内容。

想要让开场白非常精彩，或者让开场白具有实际价值，"开场白三件事"需要大家谨记。

第一件事：我是谁。

想要让观众记住你，就要让观众知道你是谁。有人问："乔布斯为什么不介绍自己呢？"因为乔布斯太有名了，凡是参加苹果公司产品发布会的人都知道乔布斯是谁，而他也不需要自我介绍。对于一名普通的演讲者而言，开场白一定要包含这个元素——我是谁。听众知道了你是谁，才会持续关注你的讲演。如何向听众呈现"我是谁"，这就需要演讲者去精心设计和策划了。

第二件事：我来干什么。

也有人说："难道人们还不知道我来这里的目的吗？不就是来参加演讲的吗？"我来干什么，除了演讲之外，就没有其他的目的了吗？有一个年轻演说家每一次演讲前都会给自己"暗示"：我来这里是为了将一种精神传达给听众，听众感受到这种精神，对他们或许有帮助，因此在上台之后，我要把我的目的说出来，让大家知道我的想法。

第三件事：调动情绪。

如果一个人不会"煽风点火"，那么他也无法成为一名优秀的演讲者、主持人或讲师。开场的时候，利用简单的话语调动在场人的情绪，使其快速进入聆听状态。只有这样，才能够活跃演讲氛围。

开场白三件事，每一件事都是非常重要的。让听众知道你是谁，你来这里的目的是什么，调动听众的情绪。做好这三件事，才能够做好开场，迅速破冰。

3

开场更要快速暖场

开场包括上、下两部分，上部分即破冰，下部分即暖场。破冰就是打破沉寂的现场气氛，如同将河流上的冰面打破。暖场就是给河流加温，让一条冰冷的河变成一条温暖的河。

某保险公司有一位暖场高手，他叫高博，也是该保险公司的高级讲师。每年主持公司年会，他都会借助多媒体灵活运用如下几种方式暖场。

剪影暖场法：在音乐的渲染下，高博通常会提前准备一个"剪影合集"，这套"剪影合集"是整个公司感人的工作瞬间和工作生活场景。如果场下的人看到了自己的身影，会不会瞬间激动起来呢？同理，许多演讲者也会整理一些与主题相关的"剪影"投放出来，用这种方式去暖场。高博认为："利用'剪影'的方式能够渲染一种感情氛围，许多人都有这样一种'情怀'。"

事件暖场法：高博还曾经将公司经历的大事件制作成年会的 PPT。众所周知，大事件是非常吸引人的，甚至许多人经历过这样的大事件。有一名演讲者曾经讲过一个"家园"主题的演讲，他将"汶川地震"的事件搬了出来。现场的人几乎都经历了那场灾难，当他们看到画面上的"事件"剪影，都难过得流下了眼泪。高博说："事件分为很多种，尤其是大事件，曾经引起许多人的关注。用'大事件'开场，也是非常好的办法。"

感人瞬间暖场法：有人曾经做过一个调查问卷，问卷的题目是"你有没有见过感人的瞬间"。参与调查问卷的 100 人里，有 97 个人还清晰地记得自己所见的感人瞬间。曾经有一个战地记者在某个国家进行"和平演讲"，演讲开始之前，他将拍摄的大量的战地的感人瞬间照片展示出来。大家看到之后，纷纷落泪，并支持他的言论，维护世界和平。高博也常常采取这样的方式去暖场，且非常奏效。现实中，总有一些东西是打动人的。如果一名演讲者能够在开讲前收集一些感人的瞬间，或许就能帮助他进行暖场。

故事暖场法：一场演讲，可能不止一个故事，有可能是由好几个故事串联起来的。高博认为："听众是非常喜欢故事的。如果开场的时候，能够奉献一个精彩的小故事，就可以起到暖场作用。"他曾经在某次产品会上，讲述了一个"意外事故＋索赔"的故事。这个故事是非常常见的，许多人都曾遇到过。因此，高博的小故事引起了共鸣，暖场效果非常好。如果一名演讲者能够在开场后向听众奉献一个精彩的小故事，就会有很好的暖场效果。

游戏暖场法：如果你的开场并没有引起过多的注意，这该怎么办呢？在高博看来，完全可以组织一个小游戏，邀请大家上台。如今，暖场的"经典"小游戏有很多，演讲者可以根据舞台大小、参与的人数等选择适合现场的小游戏。听众参与了游戏，也会调动自己的积极性，帮助演讲者一起进行暖场。高博说："不仅有破冰小游戏，还有许多暖场小游戏。在讲师圈子里，几乎所有的讲师都在使用这样的方式，且屡试不爽。"

创意暖场法：前面我们讲到，有一些演讲者非常幽默，他的开场和暖场的方式可能是幽默自嘲，也可能会呈现一个幽默的段子。还有一些演讲者嗓子不错，会即兴给听众唱一段歌曲。高博也有自己的创意，他的创意是变魔术。开场之后，他有时候会表演一段魔术牌技，借助一个小魔术也能够快速暖场。暖场的"创意"有很多，只要是你擅长的，且你擅长的东西恰恰是大家比较喜欢的，这样的创意就能够起到暖场作用。高博说："有时候，我们真的需要寻找一些创意满足现场人的好奇心。"

除了上面的方法之外，还有一些朋友用一种"情感流入"的自白方式进行暖场，甚至还有演讲者通过一些激情的口号进行暖场。不管如何，只要能够调动起听众的积极性，让他们把焦点放到演讲者身上，这样的方式就是暖场。

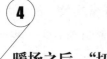

4

暖场之后 "切入" 正题

通常来讲，暖场的目的是切入正题。如果一个演讲者一直烘托气氛而迟迟没有切入正题，也会继而遭遇冷场。

王某参加了一个演讲比赛。他是一个非常有才华的人，可谓吹拉弹唱样样精通。对他而言，破冰与开场都是小菜一碟的事情。有一次他的演讲主题与环保有关。在开始演讲之前，他用自己亲手制作的笛子进行演奏，演奏也起到了非常好的暖场效果。事实上，这个时候他完全可以开始自己的主题演讲了。但是王某犯了一个错误，他竟然把演讲当成了"才艺演出"。

演奏完了笛子，他又开始演奏二胡。演奏还没有结束，有一位评委便不耐烦了，并且按下了红灯。王某暂停演奏后，评委问他："先生，请问你是来演讲的，还是来进行才艺展示的？才艺展示的话，你可能来错了地方了。"王某憋红了脸，然后对评委说："对不起评委老师，我本来是想演奏完了这个曲子再进行演讲的……"

最后，他没有完成演讲便遭到了淘汰。与王某不同的是，有一个女生也非常擅长才艺表演，她简单表演了一个小魔术之后，就开始了自己的演讲，而演讲的主题与"城市与人"有关。

这个女生切入正题时显得非常自然，而魔术表演仿佛也是"正题"的一部分。评委不但没有打断她，听众也一直在专心聆听。演讲结束后，女生不但赢得了掌声，而且还晋级了决赛。

较之正题，暖场只是一道开胃菜。有一位资深的主持人说："暖场是开胃菜，正题是主菜。如果开胃菜的分量太大，上主菜之前食客就已经吃饱了，那主菜是不是就浪费掉了？"

现实中，有些人"开场"开得太大了，总是觉得无法切入正题。难道切入正题还需要掌握一定的技巧吗？事实上，确实有一些技巧。常见的切入主题的技巧有以下几种：

一、 暖场内容与主题内容无关——直接切入

许多人采取幽默段子或者才艺展示，抑或采用游戏等方式来暖场，但是暖场的内容与主题内容无关。在这种情况下，演讲者完全可以暂

停"游戏"或者停止"才艺展示"，直接切入主题。有一个人是这样切入的。当他用才艺暖场之后，发现观众的积极性和参与性已经被充分调动，他直接说："言归正传，我们开始今天的话题。"事实上，观众并不会因此而不悦，或者认为演讲者不懂礼貌，而是会继续听演讲者的演讲。俗话说："花钱看戏，而不是花钱看报幕。"如果暖场内容与主题内容无关，完全可以采取直接切入的方式切入演讲正题。

二、 暖场内容与主题内容有关

还有许多演讲者选择的暖场内容是与正题有关联的。有一个演讲者演讲的主题是"环保"，他的暖场方式也是才艺表演，但是与其他人不同的是，他演奏选择的笛子是用废弃的材料加工而成。当他演奏结束后，他直接对听众说："这根笛子就是来自我们常见的 PVC 管（主要成分是聚氯乙烯的合成材料管），这些 PVC 管都是建筑废品。如果被我们随手丢掉，将会给环境造成污染。如果我们将它加工成乐器，不但不会污染环境，还会美化环境，给我们枯燥的生活带来乐趣。DIY（手工制作）加工一个这样的笛子是非常简单的，如果我们的家里还有这样的即将要扔掉的废旧材料，我们都可以将它加工成乐器。"通过这样一番叙述，演讲者不仅成功切入了演讲正题，还向人们传达了一种环保思想，可谓一举两得。

三、 暖场内容引起场下关切

现实中，许多演讲者在演讲暖场的时候，会遭遇各种各样的事情。如果有听众产生了质疑，演讲者可以通过解答听众的质疑来"切入主题"。如果有听众表示出极大的兴趣，演讲者可以根据其兴趣方向直接引入主题内容。还有一些演讲者在暖场之后用一种"承上启下"的方式引出主题，或者在暖场之后直接告诉听众"我来这里的目的是什么"。

以上三种方式都可以帮助演讲者成功切入正题，并及时端上"主餐"。对于听众而言，在品尝完开胃菜之后，他们仍旧会处于一种"饥饿"状态，并迫切希望听到演讲的主题内容，而演讲者就必须抓住这样的机会。

5

开场白的注意事项

开场白是非常重要的，甚至可以用"成败在此一举"来形容。很多人似乎都在精心准备开场，也把开场当成"千里之行始于足下"的一件大事。即使是这样，还有一些朋友没有做好开场。事实上，开场白不但有技巧，还有一些禁忌需要大家了解并注意。

一、 开场白不要太长

对于一名演讲者而言，开场白需要控制在较短的时间内。如果整个演讲的时间为十分钟，开场白要尽量控制在一分钟之内。如果开场白时间太长，就会喧宾夺主。

有一个叫胡静的女生参加了省电视台举办的演讲比赛，参赛选手的演讲时长为八分钟，而她的讲有关自己出身的开场白就有两分四十秒钟。演讲结束后，评委对她说了一句话："当你站在舞台上，你需要用你的演讲内容来打动大家，而不是用自己的卑微的出身，这样会弄巧成拙。"许多人在开场白上下功夫，无非是想要吸引人气和目光。但是，冗长的开场白不但达不到开场效果，还会延误正式内容的导入时机。

二、 少用套话

有些演讲者为了体现自己的热情与真诚，会选择一些"客套话"与听众和评委打招呼。这些"寒暄"的客套话不仅起不到好作用，有时候还会令听众感到厌恶。曾经有一名演讲选手在客套完之后，遭到评委的这样一番批评："你是来参加比赛的，不是来套近乎的。如果你套近乎，他也套近乎，你说这一票我该给谁呢？"套话模板式的开场是注定起不到好作用的。与其用客套话进行开场，倒不如选择"单刀直入"式的开场。有一个演讲选手的开场是这样的："许多人都习惯浪费，浪费是一件很可耻的事。我今天的演讲题目是……"事实上，这样的开门见山式的开场反而能够有不错的效果。

三、 不要把听众晾到一边

有一些演讲者会给人一种"高高在上"的感觉，这种感觉会造成一种现象：台上与台下隔离。如果演讲者与听众没有沟通和互动，听众没有得到演讲者的尊重，会不会以"冷场"的方式回应演讲者呢？做一个聪明的演讲者，就需要在开场的时候与听众建立起沟通、互动关系。有些演讲者采取一种"征求意见"式的开场白进行开场，这是一种放低姿态的方式，开场容易与听众建立起关系。还有一些演讲者采用一种"互动式"的开场白进行开场，互动的方式有很多，比如提问。

谨记：开场的时候就要暖场，千万不要故作高姿态把听众扔到一边，这种行为也是一种不礼貌的行为。既不要把自己的姿态拔得太高，也不要把自己的姿态放得太低。

四、 不要用鼻音和尖音说话

有一些人讲话，总是带着浓重的鼻音。除了那些先天发音无法纠正的人之外，绝大多数的人完全可以纠正鼻音。许多人发出鼻音，仅仅是由于紧张。如果消除了紧张，鼻音就会减轻或者消失。因此，在开场之前缓解无比紧张的情绪是很重要的。尖音也是一种令人不舒服的声音，许多人发出尖音也并非由于先天因素，而是因为处于一种非常"急促"的状态。因此，在开场之前，演讲者需要平复自己的心情。心平气和一点儿，保持一种舒缓的精神状态，而不是让自己处于一种急促而亢奋的精神状态。

五、 不要幽默过头

幽默的开场白能够吸引大家，甚至能够带来意想不到的好效果。

但是，如果玩笑开过了头，就会引起其他问题。有一个演讲者在演讲比赛的开始阶段讲了一个幽默故事。如果这个幽默故事仅仅有"幽默"的成分，一定会带来不错的效果。但是这个幽默故事是一个"两性话题"的幽默故事，里面包含的情色部分给听众们一个"措手不及"的"耳光"。演讲的正式部分还没有开始，就被几名女性听众给叫停了。有一位女性听众说："先生，你的演讲太低俗、太露骨了。你根本不应该来到这样的公共场合进行演讲。我觉得你的行为侮辱了这个舞台。"所以说，演讲者要拿捏好分寸，选择适合演讲舞台的幽默故事。

如果我们的演讲者能够规避上面的五大问题，也就更能够抓住听众的内心，用精彩的开场白打动听众。

6

巧借 "自嘲" 进行开场

开场需要给听众一道开胃菜，开胃菜的作用就是快速打开听众的"味蕾"，让听众喜欢上你。开场的方式有很多，有一些人巧借"自嘲"的方式进行开场，也能取得不错的效果。

自嘲是一种精神，借助"自嘲"，人们可以给自己争取一些资源和优势。记得几年前，一名企业销售经理去北方某企业推销产品，推销了几次，都没有被该企业的企业主所接受。临别时的酒会，该企业的企业主问这名销售经理："你为什么一次又一次地推荐你们公司的产品？难道你这么有自信吗？"这名销售经理说："不瞒您说，我对自己的长相确实不自信，但是对我们公司的产品还是很有自信的。我觉得我没有把这么好的产品推销给您，一定是我的长相影响了您的判断啊！"没想到，销售经理自嘲打趣的一番话给企业主留下了不错的印象。一周之后，这位企业主主动给销售经理打电话，让他送点儿样品过去。

有时候，自嘲是一种手段。还有人说："自嘲是一种高情商的表现。"

有一个人叫陆添，他祖上五代都是售卖配方膏药的，专门治疗跌打损伤。有一年战乱，许多人不得不逃难，逃难的时候免不了摔伤，因此许多人都需要这样的膏药。陆添发现了商机，便把自己的膏药铺规模扩大了一倍，打算借机发财。

为了吸引更多路人购买膏药，陆添就开始现场路演。他拿着一个自己制作的扩音器宣传自己的膏药，但是宣传了半年，几乎没有人搭理他。甚至还有人说："卖膏药的到处都是，难道你喊几声就能卖出膏药吗？简直太天真了。"陆添是非常用心思的人，他问了几个朋友："为什么我的宣传没有用？"有个朋友说："你喊的口号跟其他卖膏药的喊的口号几乎没有什么区别……城南有一个卖中药的就非常会卖，你可以去看看他是如何售卖的。"第二天，陆添去了那个地方。他发现，卖中药的人并不是直接推销自己的中药，而是推销"自己"，而这种推销是一种反讽式的推销。

后来，陆添也用这种方式去推销。只要他看到有路人走过来，便这样吆喝："虽然我人是丑了点儿，但是我做的膏药效果好。"听到有人说自己丑，有个路人对他说："哪有自己说自己丑的？你还是个做生意的呢！"陆添说："我只是实实在在而已，眼睛长在大家身上，即使我不说，大家心里也清楚啊。如果我说我长得好看，世界上也就没有丑的人了。"他的这种自嘲反而衬托出他的一种"真诚"。许多人觉得陆添做人很实诚，所以选择购买一试。陆添的膏药原本质量就不错，大家试用后口耳相传，他的膏药就变得很畅销了。

自嘲是一门艺术，其方式有很多。有一个年轻人想要当旅行家，为了赚到更多的旅行费用，他在一次演讲比赛中自我打趣道："旅行不必在乎目的地，在乎的是沿途的风景。因为就我这点儿钱只够买个往返的硬座火车票……"他自嘲式的开场白立马吸引了观众，而他也在后面主题部分中详细讲述了自己旅行的故事。还有一个人用这样一句话形容自己的愚笨："如果说，吃鱼会让人变聪明的话，那我至少得吃一条抹香鲸。"总之，这些闪着智慧火花的自嘲语言，不但不会给自己的形象造成伤害，反而还会给人们留下好印象。有一个人听到某演讲者的自嘲后，他也笑着说："为什么非要把自己炫耀得多么'高能'呢？大家都是普通人，都有自己的长处和短处。揭自己的短，我觉得很真实，起码不做作。"由此可见，自嘲确实是一门艺术，更是一种开场的方法。

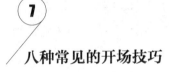

八种常见的开场技巧

一、 问题切入开场

以问题的方式带出演讲的主题，引出演讲的内容，激起听众想要快速了解问题答案的浓厚兴趣，提高听众的注意力。美国著名的时间管理学家尤金·葛里斯曼在多次演讲中曾以问题切入开场，他向听众提出"要是你今天就去世，你最后悔的是什么？"听众无论怎么回答，他都能把话题拉到"时间管理"这个主题上来。

运用问题切入开场的技巧时要切记：设定的问题宜少不宜多，且要预想到听众的答案是你所要的。

二、 实例故事开场

演讲一开始就给听众讲一个精彩的实例或者小故事，然后带出演讲的主题，会有很好的效果。故事可以是自己身边发生的，也可以是听来的；可以是现在发生的，也可以是过去发生的；可以是真实的，也可以是虚构的，但要符合逻辑，更可以是寓言。只要所讲的故事与演讲内容相关，而且能够启发听众即可。

在多次的演讲中，开场的时候，笔者都会给大家分享"猎人与熊"的故事："有一天一个猎人去深山老林打猎，迎面碰到一只熊，然后这个猎人就端着猎枪'砰'打了一枪，熊被打中了却没打死，恼羞成怒就去追猎人。猎人一看不好，就拼命地跑，猎人跑到了一棵很大很高的树前，于是就'噌噌噌'上树了。熊追到树下，上树上不去，树又太粗，它晃也晃不动，没有办法，它就往下面一蹲，抬头看着猎人。猎人爬到树上以后，就在上面抱着一个树枝看着下面那只熊。双方对峙，一直到天黑。这个时候熊可能心里想：这家伙长得像猴似的，可能就生活在树上吧，结果熊就走了。

"熊走了之后，猎人就慌慌张张从树上下来，急急忙忙跑到家，吓得一宿没睡。第二天早晨起来，猎人给自己制订了一个训练的计划，他在自家的院子里面，用稻草扎了很多只熊，然后在那些熊的心脏位置做了一个标记，每天都练枪法，后来练到什么程度呢？他背对着那些熊，只要想打哪一只熊，一转身'砰'一枪就能打中那只熊的心脏，百发百中。

"枪法练到这个程度之后，有一天早晨起来，猎人推开窗户一看，天高气爽，枪法也练得差不多了，心里想今天该进山了。猎人吃过早饭带上干粮，领着他的猎狗，扛着猎枪就进山了。

"这个猎人走到山脚下便停下了，没敢进山。原来是他看到了上一次被他打伤的那一只熊，在山脚下的广场里面，用稻草扎了很多个稻草人，熊就练一个动作'扑'。那个熊无论离稻草人有多远，一个箭步就能蹿到稻草人的面前，用它的两个前爪死死地卡住稻草人的喉咙，然后它的后爪蹬到了那个稻草人的小腹，就这一个动作就死死地把这个稻草人摁倒在地上了。"

这个寓言故事讲完以后，笔者马上就会问听众："通过这个寓言故事，各位想到了什么？"

大家你一言我一语，说想到了这或想到了那。最后笔者给大家总结："各位，在这个疯狂的年代，连熊都在学习，何况人乎!"结果听众哄堂大笑，效果甚佳。

三、 真实数据开场

开场就抛出一组超出听众认知的、震撼人心的数据，有助于唤起听众注意力。但是注意：数据要真实，要有据可查，切忌主观臆造、胡编、瞎编。

一次笔者在给中小民营企业老板培训时，开场就给他们抛出了一组数据：我们中国民营企业对国家财政收入的贡献占比超过 50%，GDP 和固定资产投资、对外直接投资占比均超过 60%，企业技术创新和新产品占比超过 70%，城镇就业占比超过 80%，对新增就业的占比贡献超过 90%。这些数据是官方数据，出自 2019 年 12 月 22 日，《中共中央国务院关于营造更好发展环境支持民营企业改革发展的意见》（被称"民企新 28 条"），所以台下的中小民营企业老板们十分信服，并且很受鼓舞，接下来的演讲马上吸引了他们的注意力，他们产生了浓厚的兴趣。

四、 链接现挂开场

链接前一个或某一个演讲者的内容，展开自己的演讲内容。链接一定要自然、幽默，千万不要生搬硬套。有一次马云演讲，开场用的就是这种方式，他上台就讲：刚才俞敏洪讲，我们这些公司，十年内可能在，一百年内肯定不在，教育会在，新东方会在。这里面犯了两个逻辑错误：第一个逻辑错误呢，十年以内我们未必在，可能三年就不在了，现在哪一个互联网公司真正能红三年的，很难。第二个，教育在，新东方会不会在？这是两码事情，教育不等于新东方，但是教育肯定会在。人类社会上有两个行业永远活得很长，一个是宗教，另一个是教育。很重要一点，他们有敬畏，也有感恩，也就是所谓的真正的信仰的力量和信念。在场的所有大佬们，包括俞敏洪本人都哈哈大笑，听得十分投入。

五、 情景设想开场

设定一种情景，进而调动听众丰富的想象力使他们融入这种特定的场景中，引起听众的兴趣，但设定的情景一定要是你亲身经历过的场景。一次笔者在讲亲子教育方面的课，开场就设定了一种情景，笔者说："周六、周日，孩子放假在家，你在沙发上看电视，你的那一位在玩手机、刷朋友圈，你的孩子在玩电脑。这个时候你想让孩子去写作业，如果你是一个优秀的家长，你将怎么做、怎么说，孩子就会乖乖地去写作业呢？"下面的听众马上就踊跃发言，说："要是我，我这样做……""要是我，我那样做……"听众们的参与度极高。最后笔者说："评价父母优秀不优秀，唯一的标准，大家想不想知道？"听众都兴高采烈地说："想！"在这样的氛围中，你的演讲肯定能吸引住他们。

六、 名言佳句开场

引用名言佳句开场，切入主题，引导听众的思路。有一次笔者在武汉大学总裁班讲课，开场就引用老子《道德经》里的一段话："太上，不知有之；其次，亲而誉之；其次，畏之；其次，侮之；信不足焉，有不信焉。悠兮，其贵言。功成事遂，百姓皆谓：'我自然。'"什么意思呢？笔者解释道："最好的领导者，人们并不知道他的存在；其次的领导者，人们亲近他并且称赞他；再次的领导者，人们畏惧他；更次的领导者，人们轻蔑他。领导者的诚信不足，人们不会信任他，最好的领导者悠然自得，他很少发号施令。事情办成功了，老百姓都说'我们本来就是这样的。'"这是无为而治的最高境界，所以我们领导者要会授权，领导解放，团队绽放。

引用名言佳句开场，不但能显现出你的学识水平，也能让听众信服。但要注意：引用是加强你的主题而非卖弄，引用要正确，如果不确定名人的名字，不要捏造，可以避开它。

七、 拉近关系开场

以亲近关系开场，非常富有亲和力，让听众感觉你和他们是一类人，一开始他们就非常喜欢你。一次笔者在周口老家的鹿邑宋河酒厂，给他们一线班组长讲课，开场就说，"我也是经常喝宋河粮液酒的"。他们问为什么？"因为我也是咱们老家人哪。"一下子他们都非常开心，笔者一连给他们讲了三天课，跟他们关系处得挺好，临走的时候，他们还送笔者两箱宋河粮液酒。他们的人力资源经理后来告诉笔者说："闫老师，也就是你能搞定我们这帮班组长，之前我们请过几位老师都搞不定。"为什么能搞定他们啊？其实很简单，就是刚一开场笔者就跟他们拉近了关系。

不过运用这种技巧开场时须注意：你说的必须是事实，千万不要捏造事实，或者夸大事实。

八、 视频分析开场

视频可以直观地表现演讲的主题，能够使听众一目了然，并激发起听众的兴趣。演讲的时候，笔者经常用这种方式开场，效果极好。不过在播放视频之前，你要事先交代背景，让听众有目的地且带着问题和思考去观看。

如果我们的演讲者能够按照上述八种办法尝试开场，相信会收到意想不到的好效果。另外，开场的技巧也不止以上八种，大家可以在日常实践活动中多总结，挖掘听众的需求，也就能创新出更多的开场技巧。

第十章　得体的肢体动作

1

演讲，站姿很重要

俗话说："站有站相，坐有坐相。"对于一名舞台表演者而言，站在舞台上不仅要展示自己的才华，还要展示自己的形象。如果一名演讲者站没有站相，坐也没有坐相，会不会给大家留下坏印象呢？

这几年网上流行所谓的"北京瘫"，"北京瘫"也成了一个时尚名词。北京瘫虽然是一种地域文化的体现，但是北京瘫适合出现在公共场所吗？在笔者看来，北京瘫不符合礼仪标准。演讲是一种礼仪，有时候要严格按照礼仪要求规范自己的行为举止。站有站相、坐有坐相就是一种"规范"。很显然，北京瘫并不是一种"礼仪"。有一位演讲者说："舞台是神圣的，我们要拿出自己最好的气质和状态，对得起自己的付出，对得起大老远来到现场听我们演讲的听众。"本章内容，我们着重讲一下得体的肢体动作对演讲者的重要性。既然"站姿"是一项礼仪，那么站姿到底有多重要呢？

女主持人阿丹的主持风格既轻松幽默，又给人一种非常大方的感觉。有一年，阿丹接到了某电视台的主持春节晚会的任务，为了给大家留下好的印象，她提前三个月就开始准备了。那么阿丹到底都做了哪些准备工作呢？

阿丹做了三件事，这三件事都与舞台形象息息相关。第一件事是上瑜伽课。众所周知，瑜伽对人的气息、柔韧性都有非常大的好处。阿丹是瑜伽达人，一直坚持瑜伽训练。她说："坚持瑜伽三年，我的气息比以前更加顺畅了。另外，我的肢体的协调能力也比过去好了很多。"

第二件事是上运动课。运动对一名主持人有非常大的好处。一方面，运动可以提升人的肺活量；另一方面，运动可以有效缓解人的紧张心理。因为工作原因，阿丹选择的健身方式是请私教进行专业性的训练，尤其是肢体方面。

第三件事是上形体课。有过舞台工作经历的专业工作者都知道，形体课是一门必修课。通过标准的形体训练，让自己的肢体动作如坐姿、站姿等符合某个标准，而这个标准就是舞台上所需要的标准。

做好了这三件事，加上阿丹的自我约束，她总是能够在舞台上表现出落落大方的一面。有一名观众说："阿丹的舞台形象特别好，她的肢体动作特别优雅。如果一名主持人不能够把自己的气质和优雅展示出来，恐怕形象就毁掉一半了。"

董卿是中国著名的主持人，她不仅主持经验丰富，而且舞台形象也是一流的。她说过一句话："你的姿势，就是你的修养。"她的主持形象可以用几个字总结概括：知性，温柔，坚定。赵忠祥对董卿的评价是：董卿是一位很优秀的主持人。董卿主持节目，可以用 8 个字评价：端庄、得体、大气、知性。活得漂亮首先要站得漂亮，站得漂亮就要从头到尾规范自己的姿态。另外，主持人的服装大都是量身定做的，而参加演讲比赛的演讲者也是如此。如何让一件得体的衣服在一个人的身上发挥作用呢？在笔者看来，也要依靠标准站姿。

除了主持人之外，模特也要特别注意"站姿"和"走姿"。模特们之所以能够给人留下完美的形象，离不开性感而优雅的站姿和走姿。

国内某知名的金融讲师这样理解站姿的重要性："讲师的工作就是站着讲课，站着与讲课各占了50%。一堂课是否成功，在我看来，取决于那50%的站姿与50%的讲课。"如果一名讲师连站姿都不像样，就会给学员一种吊儿郎当的感觉。既然这样，学员们还会尊重你的讲课吗？

站姿不仅对演讲者很重要，对普通人而言也非常重要。军人需要站军姿，职场人也应该有自己的职场站姿。保持标准站姿，不仅尊重自己，也是对他人的一种尊重。

演讲站姿技巧总结

演讲站姿	
姿势	上挺下压，身体前倾，左右相夹，轻松自然
朝向	正面朝人，光彩夺目；后背朝人，回味无穷
动态	点头不哈腰，端庄！转身疾风走，潇洒！

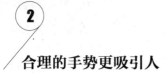

2

合理的手势更吸引人

手势也是一种语言，甚至还有手语这一门单独的、独特的语言。过去，人们在距离比较远的地方会选择相互打手势，用手势去交流。手势不仅能够单独成为一门语言，还可以配合口头语言。经常观看口才类节目的人都知道，许多演讲者都会在演讲的时候配合手势，让自己的表达更加协调、舒畅。合理的、优雅的手势不仅能够丰富一个人的舞台表现力，而且更吸引听众。手势在一个人的演讲过程中，具体能够起到哪些作用呢？

一、 丰富舞台的表现力

如果一个人只是干巴巴地说话，甚至像一根木头那样杵在那里，是不是给人一种非常呆板的印象呢？演讲舞台也是舞台，演讲也是一门"综合技艺"，它展示的是一个人的整体形象。除了标准的、优雅的站姿之外，演讲中搭配手势，可以给人一种更加生动的舞台形象。事实上，手势也是一门技能，甚至是一门艺术。许多演讲者还会单独训练自己的手势，让自己的手势能够更加贴切地配合自己的语言。

二、 提升语言的准确度和力度

许多人担心自己的演讲没有力度，甚至还担心自己的语言缺乏准确度。如果一个演讲者能够多次打磨自己的演讲稿，他几乎能够排除演讲稿中存在的逻辑方面的问题，甚至演讲语言的准确度也是没有问题的。除了语言的准确度之外，演讲者还要在演讲中为自己的语言增加力量，也为自己增加底气，这该如何实现呢？在演讲过程中配合一定的、有力量的、精准的动作和手势是不错的方法。

三、 手势能够激发听众的激情

有人问："难道听众也有聆听的激情吗？"现实中，许多听众都会因演讲者的精彩演讲而鼓掌，甚至还会为此落泪，而这些演讲者通常会采用有感染力的手势来帮助自己传递这种情绪和激情。有一位演讲者说："手势不仅是一种语言，还是一种感情的表达方式。一个富有激情的手势如同一个令人印象深刻的眼神，并且会将情绪传递给大家。"是的，演讲是一种舞台表演，它既要求演讲者去讲，还需要演讲者不停地渲染演讲的气氛，但是渲染气氛仅仅靠调节声调高低是不够的，还要让大家看到你的手势，你的肢体……只有这样，才会给人以听觉和视觉的冲击。

四、 手势可以帮助演讲者补充话语

语言是什么？在笔者看来，语言虽然是一种工具，但是并非所有的人都能够把握到位。许多演讲者也感慨："演讲确实挺难的，有些时候，我们内心能够感受到的东西却无法用语言去表达。"遇到这样的问题该怎么办呢？借助手势。手势是一种语言，这种语言完全可以与口头语言进行互补，从而提升口头表达的准确性。古罗马时期有一位雄辩家说：一切心理活动都伴随着指手画脚等动作。双目传神的面部表情尤其丰富，手势恰如人体的一种语言，这种语言甚至连最野蛮的人都能理解。

手势是一门能够协调配合口头表达的语言，还是一种能够丰富演讲者舞台表现力的方式。我们如何才能让自己的手势语言表达得更加合理、精确呢？

有一位资深的演讲方面的专家告诉大家一个办法："首先，我们要了解手势的分类。手势分为指示手势、象形手势、情感手势和象征手势。四种手势分别对应着相应的表达方法。我们要掌握这些手势的表达要领。其次，我们要进行大量的练习。演讲者平时的训练过程中，要对着镜子练习，或者对自己的训练进行录像，反复观看并调整自己的手势，让自己的手势更加得体，以此让自己的语言（口头表达与手势）协调一致。"除此之外，舞台上的演讲者还要注意三个事项：第一个事项，手势运用要适度，不要过于频繁。第二个事项，手势动作要放松、自然，合乎语言的表达节奏。第三个事项，手势动作要果断、干净，有一种"力量之美"。

演讲常见手势的运用

演讲手势	
交流	双手前伸，掌心向上
拒绝	掌心向下，做横扫状
区分	两手竖放，做切分状
指明	用掌指人，呈45°角
号召	手在额上，挥掌收拳
激情	紧握拳头，圆弧向上

步态提升演讲效果

模特的步态轻盈且性感，仪仗兵的步态阳刚且威武，主持人的步态优雅且大方，商业大咖的步态干净且利落，国家元首的步态庄严且稳重。甚至有这样一句话："有什么样的步态，就有什么样的性格。"有些人站没有站相，走路也是"摇头摆尾"……这些人总会给人以一种邋里邋遢、不干净的感觉。一名优秀的演讲者，不仅要掌握仪容仪表的要领，还要在步态上体现自己的魅力。事实上，步态能够传递出许多信息。步态能够传递哪些信息呢？

一、 步态体现心态

如果一个人的心态非常放松，他的步态也是非常自然的。自然的步态是一种非常好的步态，这种步态既有肢体之美，又能传递出韵律之美。如果一个人非常紧张，他的步态也是紧张的，走路的姿势是一种放不开的"忸怩"的姿势。如果一个人的心态过于放松了，或者没有把演讲舞台和听众当回事儿，这个人的步态也会显得过于懒散，以至于给人一种"邋遢"之感。总之，步态能体现出心态。如果一个人能够调整好心态，也就能够保持步态的"自然"性。

二、 步态传递态度

如果一个人尊重舞台，也就会传递出一种尊重舞台、尊重观众的态度，这种态度将会决定一个人的步态呈现的样子。众所周知，尊重舞台的人也会训练自己的步态，让自己能有最好的呈现。如果一个人不认真对待舞台，他的步态会显得"随意"。随意的步态也会传递出随意的态度，这种随意的态度还会在表情、手势等方面体现出来。

三、 步态显示自信

曾经有位朋友拿出一张老照片，老照片是周恩来总理参加万隆会议的一幕，而这一幕定格了周恩来总理飒爽、霸气的步态。从这张照片里，我们能够看到周总理的自信以及他对中国的自信。这种自信而霸气的步态，给无数人留下深刻的印象。如果我们的演讲者能够给人们展现自信的步态，是不是也能提升自己的舞台魅力呢？

著名的央视某主持人曾说："走姿体现的是一种动态美，能直接反映一个人的精神风貌，表现一个人的风度、风采和韵味，对个人社会性的塑造起着重要的作用。"正因如此，演讲者要时刻注意并调整自己的步态。那么演讲者应该如何规范自己的步态呢？

（1）步态要自信有力

如果一个人的步态是老态龙钟的，那么也就会给人留下一种老态龙钟的感觉。如果一个人不自信，步态也会显露出紧张。因此，演讲者的步态必须要体现出自信、有力量，尤其男性演讲者，要有自信的气势，女性演讲者要表现出自信和优雅。

（2）步频要适中

如何才能够体现出优雅呢？T型台上的模特总是能够保持适中的步频，不快也不慢。小小的演讲台绝不是体育馆，步频快了是竞走；步频太慢也会给人一种懒散的感觉。演讲者在演讲台上，尤其是登台或者下台的时候，都要保持适当的步频和适当的步距。

（3）步态要自然

前面我们多次提到"自然"二字。所谓自然，就是去除"可以控场"的部分，让自己的身体适度放松以适应当前的舞台气氛，然后再自然而然地摆动手臂，迈开步伐。这种自然的步态是非常具有"美感"的步态，也是一名演讲者和主持人应该追求的步态，而"自然的步态"也是一种境界。

（4）步态要干净

手势动作要干净，吐字要干净，穿衣打扮要干净……步态也是如此。有些人的步态不干净，总是给人一种"邋遢"或者"零碎"的感觉。演讲者在日常生活中，可以多观察自己的步态。如果发现自己的步态不干净，就要想尽一切办法调整或改正。俗话说："只有干净的形象才能传达自己的精气神。"

不管如何，步态与手势都是演讲者在舞台上的重要展示部分。如果演讲者能够做到以上四点，也就能够调整好自己的步态，向观众展示一种干净的、正面的、健康的演讲者的形象。

演讲步法运用的技巧

	演讲步法
距离	与听众保持合理步距（1.2 米及以上）
动态	移动向前，三步一停，步步为营
禁忌	切忌快速靠近听众

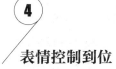

表情控制到位

前不久，有一个表情走红网络，这个表情是"滑稽"。人是富有表情的动物，所有的情感都可以通过表情展示出来。有些人的表情与内心的情感是一致的，我们可以称为"表里如一"。还有一些人的表情与内心的情感是不一致的，我们叫"表里不一"。表里如一是真实的表现，表里不一就是一种"欺骗"。但是当下还有一句话："人生如戏，全靠演技。"对于一个社会人而言，"演戏"虽然是必不可少的，但是对于一名演讲者而言，需要表里如一的"高超"演技才行，就像一名舞蹈家要求一名舞蹈演员时说："我不管你的情绪怎么样，但是一定要做到，情绪到了，动作到。"演讲者、主持人、讲师也要如此，情绪到了，表情和肢体动作也要跟上所说内容。

　　王倩是一名外企白领。她非常喜欢演讲。有一次，她参加了一场某城市电视台组织的演讲比赛，获得冠军的选手可以获得一辆价值10万元的轿车。王倩直言不讳道："我参加比赛的目的就是为了拿奖。"报名参赛的一百多名选手几乎都是抱着这样的目的，获奖就有价值不菲的奖品。王倩的口头表达能力非常好，她是所在公司里的文艺节目主持人。因此，她非常熟悉舞台环境和舞台氛围，也了解听众们的喜好。王倩说："如果你的演讲能够打动听众和评委，你的演讲就是成功的。"

　　除了锤炼自己的语言表达能力之外，王倩像所有的主持人那样刻苦训练自己的"表情"。表情是一种体态语，体态语也是一种语言。悲伤的时候有悲伤的表情，喜悦的时候有喜悦的表情，怜悯的时候有怜悯的表情，向往的时候有向往的表情……王倩说："作为一名资深的电影爱好者，电影里面有非常多的'表情帝'，这些'表情帝'多半演技炸裂，是不折不扣的实力派，深受观众喜欢。如果想让自己的演讲更加富有感染力，就要做一名'表情帝'。"

　　所谓"表情帝"并不是让一个人抖表情包袱，而是要做到"传神"。演讲者需要做到表情的到位与表情的传神，要毫无违和感。王倩通过"专业"训练，能够准确地传达自己的情绪，并且能够让自己的表情得到"控制"。用王倩的话说："到了哭的时候就哭，到了笑的时候就笑。但是哭和笑要控制再控制，然后留一半情绪用语言的方式传递给观众。如此，大家才会认为你的表演是真实的。"

　　王倩参加比赛，并且在比赛现场展示了"戏精"的本领，甚至每一场演讲都能让人们站起来为她鼓掌。因此，王倩也如愿拿到了冠军，收获了价值10万元的轿车一辆。

参赛不一定是为了某个奖品，但是既然参赛就要把最好的自己展示出来。著名央视主持人董卿不仅台风好，她的表情管理做得也十分出色。看过《朗读者》的观众朋友都知道，在这个节目里，董卿有这样几个招牌动作：第一，微笑。微笑一定是笑不露齿的，既能表达自己的态度，又能展示一种含蓄之美。第二，头部轻轻偏向一侧。这个动作则体现了一种"思考"的状态，而这个"动作"结合"思考"的表情能够给节目带来"暂停"和"转折"，有利于后面节目的推进，并且营造了一种神秘的气氛，吊足观众的胃口。第三，星空表情。当许多人感受到幸福感，就会产生"星空表情"。这种表情如果运用到演讲舞台上，可以将这种"幸福感"传递给现场观众。第四，认同式的点头。有的人虽然表面"认同"，但是表情会出卖他；而那些舞台经验丰富的"老炮们"则是表面认同，内心也认同，并给予一种"认同式的点头"。另外，这样的表情与动作的结合，也能够传达出赞许、支持或鼓励。

表情是一种语言，而且是一种写在脸上的语言。如果我们的演讲人能够学习并掌握"表情管理"，再辅以恰当的肢体动作，也就能够做好这门功课，让自己的舞台表现更具说服力。

5

眼神交流必不可少

眼睛是心灵的窗户，眼神就是人的灵魂传递出来的神采。眼神也是一种语言，因此还有人说："人的眼睛会说话。"悲伤的时候有悲伤的眼神，快乐的时候有快乐的眼神，怜悯的时候有怜悯的眼神，自信的时候有自信的眼神。

曾经有一个官员刚刚上任就遭遇了百年一遇的洪涝灾害。为了稳定灾区人民的情绪，鼓励灾民抗洪救灾，他便开始了到处游说。有一次，他来到一个受灾严重的村子，村子许多房屋倒塌，农田被淹，庄稼被毁。许多灾民甚至连吃饭都成了问题。如果灾民的情绪安抚不好，就会给社会管理带来压力。

他拿着一个喇叭站在洪水里安抚灾民的情绪，一边鼓励他们，一边向他们承诺："我会想尽一切办法让你们过上比以前更好的生活。"在安抚灾民情绪的时候，他的眼神里充满了责任、坚毅、同情和怜悯。灾民看到这样的他，仿佛也松了一口气。

事实上，这位官员确实是一位好官员，不仅同情灾民，而且把灾民当成自家人。与灾民一起抗洪奋战，同吃同住。在公开激励灾民的时候，他也是采取一边安抚一边鼓励的方式，给灾民打气。有一个灾民说："这个官是个好官，他的眼睛说不了假话。那些说套话的官员，眼神就把他们出卖了。"换句话说，这个官员用自己的眼神和实际行动解决了抗洪救灾、安抚民众等相关问题，也给当地社会的管理减轻了压力。

演讲者也要想办法利用好眼神去传递自己的情感，配合语言的表达，让自己的综合形象更上一层楼。演讲者应该如何利用自己的眼神提升自己的演讲魅力呢？可以从以下几个方面着手：

一、 点视

眼神是一种交流工具，演讲者要借助这种工具与观众进行交流。记得有一位脱口秀演员表演脱口秀讲到一个非常深刻的话题时，他却用诙谐幽默的语言去呈现。就在这个时候，有一位老年观众非常认可他的看法，便主动站起来为他鼓掌。此时，这位脱口秀演员转过身，将一个感谢的眼神"点"给那位老年观众，以此表示感谢。后来，还有几名起哄的观众也得到了他的眼神"点视"，被"点视"的观众反而停止了自己的起哄行为。总之，"点视"具备很强的功能性，既可以向观众表达感谢，又可以制止某些不文明的行为。

"点视"的"画外音"为：我的眼里只有你！

二、 虚视

还有一些演讲者采用一种"虚视"的眼神来与观众进行交流。所谓"虚视",并不是故意看不见,而是将自己置于一种"身临其境"的状态。有一名演讲者在讲一个故事的时候突然停住,然后将眼神转到某个方向,此时听众也跟着他停了下来。就在这个时候,演讲者突然又进行了一次眼神切换,而演讲中的故事也"峰回路转",给听众带来一种惊奇感。这种方式能够提升演讲者在人们心中的形象,还可以有效缓解演讲者的紧张感。

三、 环视法

如果一名演讲者在一个人数众多、舞台规模大的地方进行演讲,采取"点视"就不够用了。用某个主持人的话讲:"我们要想尽办法照顾到每一个人的情绪,想尽办法与他们每个人都进行交流。很显然,点视是做不到了。如果晚会现场来了一千名观众,就需要点视一千次。"想要解决这个问题并不难,演讲者完全可以采取环视的方式与每个人进行交流。这种方法不但照顾到了角落的听众,而且缓慢"有节奏"的环视还能够提升听众心目中的演讲人的形象,一举两得。

哲学家蒙田说过一句话:"恋爱中的人发怒、和好、恳求、决定,终于说出一切话语,全用他们的眼睛。"眼睛也是人的第二张"嘴巴",善用第二张"嘴巴"的演讲者才能够丰富自己的舞台表现,提升演讲的整体效果,将自己的所学、所知、所述精准地传递给别人。

运用眼神时应注意:平视、直视,不斜视、不虚视、不逼视。

第十一章　富有感染力的语言和声音

1

演讲者要咬字清晰

对于一个演讲者而言，清晰的吐字与发音是第一位的。如果一个人吐字不清晰，也就无法传递自己的语言艺术和思想智慧。

古时候有一个叫胡达的人，他自认为有非常高深的思想，并且能够给当官的人献言进策。于是胡达立志进官府，打算用自己的三寸不烂之舌游说官员，也给自己谋一份好差事。

一次，胡达走到县衙门口。当他准备进入县衙的时候，被衙役拦住了。衙役问他："你来这里干什么？有什么事吗？"胡达说："我想给县老爷出点儿点子，我的点子能够让他更好地造福黎民百姓。"衙役没有权力直接放他进去，便向县官汇报。县官得知此人，便让他进来面见。

胡达进到县衙，也见到了县官。县官对他说："我给你半炷香的时间，你把自己的观点、想法说一下，让我听一听是否可行。"胡达点点头，然后深吸一口气，开始自己的演讲。

但是胡达也有一个缺陷，就是当他紧张的时候，他的吐字发音就会出问题。他的演讲还没结束，就被县官提前终止了。县官笑着说："你还是不要说了。你连吐字都不清楚，怎么去游说众人呢？你的好意我心领了，但是你说的话我真没听清楚，太费劲了。"

事实上，这个胡达确实有一些本事。他不仅能够写一手好字，也能写一手好文章。但是，胡达的口头表达有问题，吐字不清晰，他也只能与梦想失之交臂了。

有人问："难道世界上就没有咬字不清晰的演讲家吗？"没有完全绝对的事情，咬字不清晰的演讲家的确是有，但是这样的演讲家多半是先天原因造成咬字不清晰的。对于一个身体健康的人而言，如果平时有咬字不清晰的问题，完全可以通过后天的训练去改善。如何改善自己的咬字问题呢？

一、深呼吸

说话需要"气"，如果"气"够足，发音也会有改善。许多人是这样训练的：练习深呼吸，先深吸一口气，然后缓慢吐出。反复练习六组，一组为三次。通过这种方式去练气，能够改善自己的气息，还能扩大自己的肺活量。还有一些人选择"游泳"和胸口压石等方式练气，也有不错的效果。

二、练习发声

众所周知，许多音乐学院的学生和播音专业的学生都要练习发声，会按照专业书籍的科学方法去练习。如果人们有较多的闲暇时间，倒不如报名学习专业发声，通过科学的方法让自己学会科学发声。事实上，一名优秀的主持人、演讲者都会坚持这样的做法。有一名主持人说："至今为止，我依旧坚持科学的发声练习，尽管我从事主持行业已经二十余年。"

三、口含"石块"

在国外，曾经有一个口齿不清晰的女孩通过口含"石块"的方式练习发音，取得了不错的效果。后来，这种方法经过了科学论证，确实能够改善人的发音。当然，这种方法也是一种比较"辛苦"的方法。只要人们能够坚持，就会适应这种训练方式。当你的口齿发音得到了改善，然后再更换其他训练方法。

四、 说 "绕口令"

在相声界，许多相声演员为了锻炼出一副好嘴皮子，就会练习绕口令，这对咬字发音十分有帮助。另外，许多主持人、讲师、小品演员等也会练习绕口令，还有一些播音员选择"速读"的方式去练习。这些方式都是经过论证的科学的训练方式，非常值得演讲者去尝试。练习"绕口令"可以随时进行，且不需要专业人员去指导。

五、 字母练习

许多人咬字不清晰，并不是所有的字都"咬"不清楚，而是个别字母读音出错，如"sh"与"s"，"r"与"l"，"z"与"zh"等。如果演讲者发现自己有个别字母发音含混不清，就需要通过字母练习去解决这个问题。

咬字清晰是一名优秀的演讲者必备的能力。练习咬字发声的方法可能还有很多，人们可以寻找适合自己的方法去练习，以此达到登台表演的水准。

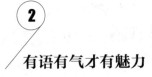

有语有气才有魅力

什么是语气呢？语气是一种声音形式，并且带有情感和思想。我们常常听到朗诵者的朗诵是带有语气的，主持人也是如此，他们的主持发音也带着一种语气。如果没有语气会怎样呢？有位朗诵大师说过一句话："如果朗诵或者说话的时候没有语气，就会非常生硬，毫无情感。"试想，如果一名演讲者的演讲是没有语气的、生硬的、毫无情感的，他将会失去所有的听众。没有语气的演讲，也是一种机械性的"背诵"，既没有情绪，也没有节奏。

一、 语气是一种情感

什么是情感呢？情感就是一种由内而外的情绪，这种情绪是非常感性且直接的。高兴的时候高兴，快乐的时候快乐，悲伤的时候悲伤……不同情感之下的说话气息也是有变化的，这种变化就体现在语气上。如果一个人对某件事产生了疑问，就会产生疑问语气；如果一个人反对某件事，就会产生反对的语气。生活中，我们总是能够听到这样一句话："听您的语气，您同意了？"听众通过演讲者的说话语气，就能听出他的情感。有一位主持人主持汶川地震的文艺晚会，整个晚会上，他的语气都是非常沉重的，有怜悯的语气、悲伤的语气、关爱的语气。这些带着情感的语气将整个晚会的"情绪"传递给观众，也让观众感受到晚会的意义和主持人的良苦用心。有一位主持人说："语气就是情感，语气就是人的灵魂发出的音节。"

二、 语气是一种态度

肯定有肯定的语气，否定有否定的语气，怀疑有怀疑的语气。事实上，人们通过一个人的口吻就能猜到他的态度了。演讲者站在演讲台上，除了表达自己的情感外，还要表达自己的态度。如果演讲者表现出来的态度是模棱两可的，这就会导致自己的演讲没有明确的"中心思想"。没有中心思想的演讲是失败的演讲，不但评委不埋单，听众也不会买账。《辞海》中对"语气"的解释是这样的："通过一定的语法形式表示说话人对行为动作的态度。"只有这样，大家才能够感受你的态度，通过你的态度去认识你的思想。

三、 语气是一种尺度

轻的语气是一种"轻"尺度，重的语气是一种"重"尺度。不同的尺度完全可以用语气的轻重来呈现。对于一名演讲者而言，语气更是一种"作料"，借助语气把控思想上的尺度。某主持人说："语气能够反映出一个人对某个东西的把控，是非常肯定，还是不太肯定，还是有一点儿肯定。"总之，一个人可以通过语气的轻重来表现自己的情感，而把语气拿捏到位就是演讲者要做的事情。

四、 语气是语调、 语音的补充

有时候，人们很难单纯地借助语音和语调来传达自己的情绪。或者说，语音和语调都有自己的功能，而它们的功能并不能"全面"体现一个人的思想和情感。这时，人们就需要借助语气来实现语调和语音无法达到的部分。语气是语调、语音的补充。语气、语调、语音是一个人说话的三大重要元素，而这三个元素缺一不可。缺乏语气的话语是没有情感、没有态度的话语，是一种机械化的东西。缺乏语调的话语也是没有情感的，缺乏语音的话语可以说不是"话语"。有时候，我们用"声情并茂"形容一个人的精彩演讲，其中的"声"就是指声音，其中的"情"就是指情感。只有将语气、语音、语调三者结合在一起，才能产生"声情并茂"的效果。

人们的讲话离不开语气，演讲者更是如此。对语气的把控，等同于把控自己的思想和情感。事实上，一名优秀的演讲者一定会在语气的把控上做到"合理、到位"。让听众感受到你的"语气"，也就能够让听众感受到你的"情感"，并提升你在听众心目中的形象。

3

抑扬顿挫提升魅力

"抑扬顿挫"常常被用来形容一个人朗诵或者演讲过程中的"高

低起伏"的状态。抑扬顿挫既是形容词，也是一种"方式"。抑扬顿挫中的每个字都包含着一种"方式"，几种"方式"结合在一起，就是一种技巧。在文学中，鲁迅曾在自己的小说《藤野先生》中这样写道："每当夜间疲倦，正想偷懒时，仰面在灯光中瞥见他黑瘦的面貌，似乎正要说出抑扬顿挫的话来，便使我忽又良心发现，而且增加勇气了，于是点上一支烟，再继续写些为'正人君子'之流所深恶痛疾的文字。"那么抑扬顿挫的四个"方式"是什么呢？

"抑"是什么？我们可以有很多种理解。"抑"可以是抑制，也就是一种控制。当一个人情绪渲染到一定的程度时，就会给人一种非常"开放"的状态，这种"状态"有时候会越开放越大，甚至有一种收不住的趋势。因此，有些人悲伤的时候会大声哭泣，有些人开心的时候会大声狂笑。事实上，任何事情都有"物极必反"的道理。凡事不宜盲目地"开放"，而是要适当地"收"。有一位哲人说："能够'收'得住，才能够'放'得开。"收放自如不是指放荡不羁，而是一种在"取舍"中表现出来的行为方式。"抑"是一种控制，让自己的情感、情绪控制在相对合理的范围内。能够"抑"得住，演讲者才能够给听众一种理性的感受。毕竟，演讲是一种"理性"的舞台艺术。

"扬"是什么？我们可以把"扬"当成一种开放，或者一种"张扬"。前面我们讲到"抑"，从表面上看，"抑扬"是相反的，事实上"抑"与"扬"是一个连贯的动作，抑扬也是一种阴阳。人的呼吸也可以如此理解，"吸气"是"阴"，"呼气"是"阳"，阴阳交替才能够产生流动的"气"，而"气"是产生声音的基础条件。"扬"是一种"扬起"，当一个音节落到低谷的时候，就会有反弹趋势，这是自然的作用力的结果，也是根据"抑"的状态做出的合理反应。因此，"扬"的开放状态是对情感的一种宣泄，而这种"开放"往往能够打动人。

"顿"是什么？首先，从字面上看，"顿"是停顿。当一个道理、一个故事告一段落的时候，就需要停顿。当一句话说完的时候，需要停顿。从哪里停顿、何时停顿是一种智慧，也能够体现出一种节奏韵律之美。"顿"并不是一种长时间的停止，而是一种短暂的、快速的停顿，目的是对人的思想转换或者气息承接做出调整。另外，"顿"

还是一种安置，安置就有一种"法"存在其中。其次，"顿"还有"顿悟"之意。为什么许多人在朗诵或者演讲的时候会停顿呢？这种停顿可能是故意的，停顿的目的是留给听众时间去思考。"顿"恰恰给听众一个短暂的歇息，这之中承载着情感和想象力。

"挫"是什么呢？"挫"不是挫折，"挫"是一种压低，通过压低声调的方式带来一种变化。喜欢交响乐的朋友们都知道，交响乐是一种高低起伏、错落有致的音乐，这种音乐的"变化"是非常高级的。事实上，朗诵、主持、演讲也是如此。一个懂得"压低"声调的人，也会懂得"提高"声调。为什么人们都喜欢听那种高低起伏、富有节奏的音乐和演讲呢？从美学角度上讲，悦耳就是一种美。美是一种自然的感受，听众觉得好听、悦耳即可。刘鹗在《老残游记》中写道："只是到后来，那抑扬顿挫，入耳动心。恍若有几十根弦，几百个指头，在那时弹似的。"

抑扬顿挫能够体现出四个特点，这四个特点是高低起伏、绘声绘色、轻重缓急、跌宕变化。对于一名优秀的演讲者而言，如果在自己的演讲中能够凸显这四个特点，将会大大提升演讲的水平和魅力，给听众以"悦耳"之感。

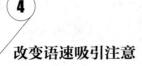

4

改变语速吸引注意

说话是一门学问，也是一门艺术。会说话的人，不仅言语得体，用词考究，而且有轻重缓急之分，声调也会根据自己情绪的变化而变化。语速方面，时而快，时而慢，节奏的变化也能够给听众带来一种乐趣。许多听众喜欢听变奏曲，变奏曲最大的特点是"变奏"。节奏的变化也是心情的变化，还可能是故事的变化。

有一个著名的演讲者曾经在演讲台上演讲过《论"幸福"》。众所周知，许多人身在福中不知福。因此，他的演讲从一些普通的身边故事开始谈起。

他讲故事时，语速比较平缓，是一种娓娓道来的方式。但是到了故事的高潮或者紧张部分，他会马上改变语速，用一种较快的语速来呈现故事中的"紧张"与"矛盾"。这种语速的改变也意味着故事情节的改变。听众感受到这种"变化"，也就知道故事的"高潮"部分来了，会更加集中精力去听演讲。故事讲完了，演讲家又恢复到娓娓道来的状态，语速平稳，稳中求进。演讲到结尾的时候，演讲者朗诵了一首诗歌。朗诵诗歌时，他放缓节奏，用一种更加深沉的声音去朗诵，给听众一种享受。

《论"幸福"》的演讲取得了巨大的成功，这位演讲者在国内许多城市开设巡回演讲专场。这位演讲者说："演讲的魅力体现在'演'与'说'。'演'就是一种表演、演绎；'说'就是说话、陈述。"

"演"与"说"是一种合作关系。"说"是在"演"的基础上去"说"，去进行语言的"变奏"等，这也体现了演讲者的演讲技艺。技艺高超者才能够打动听众，让听众配合你的表演。

改变语速是一门学问，改变语速的目的是有效控制自己的演讲，让演讲更有效果。该快的时候快，该慢的时候慢，只有这样，演讲者才能吸引他人，提升自己的舞台掌控水平。

5

音量适中利于聆听

不同性格的人，说话音量也是不同的。有的嗓门大，有的嗓门小。大嗓门的人往往性格泼辣、豪爽；小嗓门的人往往性格内敛。对于演讲者来说，既不能嗓门大，也不能嗓门小，音量适中才利于听众聆听。

程斌是某企业的客服人员。众所周知，客服需要跟不同的客户打交道，只有以服务精神耐心处理，才能够让客户感到舒心。有一年，一位客户因产品故障问题找到客服，而接待客户的人就是程斌。程斌听了客户的诉求之后，向客户进行解释。

程斌还没有解释完，客户就急了，两个人差点儿打起来。程斌问："我到底哪里得罪了你？"客户说："我就是来咨询问题，你嗓门那么大干什么？"

是啊，程斌是出了名的大嗓门。即使在客户面前，他也常常声音很大。现实中，许多客服人员都会想尽办法控制自己的音量，不要让自己的高音量"伤害"客户。程斌的大嗓门给客户这样一种感觉："本来是他们公司的问题。我是来解决问题的，不是让你来教训我的！"事实上，程斌并没有想要教训客户，仅仅是"嗓门大"而已。这种大嗓门不但不利于解决问题，还激化了矛盾。大嗓门和高音量是不适合人们去倾听的。

除了大嗓门不宜于人倾听外，小嗓门也是如此。

企业讲师晓飞性格比较内向，说话的声音不大。有一次，她给某企业做培训，讲授"7S"（整理、整顿、清扫、清洁、素养、安全、速度/节约）现场管理。

晓飞本身还是有一些本领的，而且逻辑能力也非常不错。听过她的课的朋友们觉得晓飞的呈现能力是非常好的。但是这一次不同，培训企业选择了一个面积较大的阶梯教室，而晓飞的声音本身就有点儿小。培训结束了，参加培训的学员多半都面无表情。晓飞也非常担心，自己的课到底哪里出问题了？于是她问学员："听完了课，你们怎么毫无反应呢？难道我讲的课，你们之前都听过了吗？"

学员说："老师，不知道是音响还是麦克风出了问题，您讲课的声音实在太小了，我们几乎听不到啊！"问题找到了，晓飞的低音量无法让听众听到她所陈述的内容，因此也就达不到授课的效果。后来，晓飞在阶梯教室上课，除了调试麦克风之外，她还会适当调高音量。

音量是非常重要的，音量太大是噪声，音量太小则听不清。不同的演讲会场，演讲者要根据会场现场、会场条件、观众距离等调整自己的音量，让自己的音量"刚刚好"，有利于听众聆听。

第一步，演讲者要根据会场大小调整自己的音量，让自己的音量调整到较"低"状态并且大家均可以听到的程度。如果一个人的"低音量"无法让听众听清，这样的"低音量"是毫无意义的。如果一个人的"低音量"能够让听众听清，演讲者再进一步调整音量，以达到最佳"入耳"效果。

第二步，在较大的舞台现场，演讲者单纯凭借自己声音的音量是无法实现演讲效果的。此时，演讲者会选择麦克风和音响。比如，某地方电视台举办文艺晚会，晚会开始之前，主持人会提前"踩场"。"踩场"的目的就是了解现场，然后对麦克风、音响等设备进行调试。此时，也有相关的工作人员进行配合，从而让麦克风和音响的音量达到最佳入耳的效果。

另外，演讲者还要根据演讲的内容不断调整自己的音量。故事讲到高潮的时候，可以提高音量；演讲进入"抒情"部分时，还可以适当压低音量。

第十二章　营造演讲的气氛

语言情绪的渲染

演讲者是语言工作者，或者语言表演者，科学地、准确地、艺术化地使用语言，才能够将信息很好地传递给听众，让听众由此获益。现实中，我们常常能够看到优秀的演讲选手的出色表演。他们在讲台上，语言流畅且犀利，演讲的故事跌宕起伏，深受大家喜欢。有时候，演讲者还会采用各种各样的"渲染"方式来提高听众的参与度。既然演讲者是语言表演者，采用语言去渲染情绪则是第一选择。

语言是思想和情绪的载体，不同情绪下的语言表达是不同的。有些演讲者是在"愤怒"的状态下进行的演讲，语言的表达也充满了"愤怒"。有些演讲者在"悲伤"的状态下演讲，能够借助语言这个载体渲染出一种悲伤的氛围。一位优秀的演讲者，一定是一位优秀的气氛渲染高手。

有一个年轻人非常喜欢朗诵，他想成为一名优秀的朗诵者。每天早晨，他都会出现在公园的一角朗诵诗歌。时间久了，他的身边也有一群听众。有一次，他朗诵戴望舒的《雨巷》，朗诵结束后，有一位老先生直摇头。年轻人问老先生："先生，您为什么摇头？难道我朗诵错了吗？"

老先生说："这是一首极其富有情感的诗，但是我没有听到你的情感和情绪。也就是说，你的朗诵太直接，没有打动人的地方。"年轻人意识到了这一点，于是再一次当着老先生的面朗诵了一遍，依旧没有打动老先生。老先生对年轻人说："你要充分调动自己的情绪，情绪到位了，你的朗诵才能够渲染出那种爱情的、轻盈的、带有一丝悲伤的氛围。"原来这位老先生是退休的播音员，是"朗诵界"的资深前辈。他当着年轻人的面，用自己的方式朗诵了一遍。朗诵结束后，年轻人对他竖起了大拇指。

需要用语言去渲染气氛的职业有很多，如老师、讲师、演讲者、培训师、相声演员、主持人等。凡是靠"嘴巴"生活的人，都要学会用"语言"带动情绪、营造氛围的方法。教育家苏霍姆林斯基认为："教师高度的语言修养，在极大程度上决定着学生在课堂上的脑力劳动的效率。"

用语言情绪渲染气氛的方式很简单，就是通过语言将自己的情绪表达出来。现实中，很多人总是在"自己没有意识到"的情况下用一种情绪成功营造出了氛围。

年轻的主持人冯丹有一次将要主持赈灾晚会，当得知一个孩子被洪水冲走了，至今下落不明的消息之后，她非常震惊，震惊之后是悲伤，悲伤之后是揪心。于是，她主持节目的时候，将自己的震惊、悲伤、揪心用语言和肢体动作表达了出来。观众们受到她的情绪感染，也跟着进入一种悲伤的氛围里。

冯丹说："主持人并不仅仅是让你站在上面报节目单上的节目，而是让你去渲染整个舞台的气氛。央视春晚，主持人用一种明快的、阳光的、充满节日喜庆的语言进行渲染，并营造出春节欢快的喜乐氛围。另外，主持人要做到'表达'，而不仅仅是'传达'。"

传达与表达有何区别？传达仅仅是把某个内容或者某种价值观传递出来，是不具备情感色彩的。就像企业领导或者政府干部做工作报告一样，工作报告是非常平淡的，往往是台上在念稿，台下在睡觉。表达是带有情感的一种传达，它既可以起到传达的作用，还可以达到渲染氛围的效果。演讲不是做工作报告，而是一种感情的表达，是一种"言为心声"的表现方式。如果观众能够感受到你的情绪和情感，就会跟着它们走下去。如何进行语言情感的表达呢？用一句话进行简单总结：富有感情地将自己内心所想自然而然地表达出来。这种自然而然的表达，就具有一种渲染的效果。

语言情绪渲染，既有口头语言的情感渲染，也有肢体语言的情感渲染，前者体现在语言的气息、声调、节奏变化上，后者指通过具体的肢体动作表达出的情绪，以及情绪对气氛的渲染。

精妙的故事渲染

在前面篇章中，我们讲了许多故事。好的故事、精彩的故事、曲折离奇的故事能够给听众带来极致的聆听感受。在这里，我们用"精妙"来概括这一类吸引人的故事。好听的故事，一定是吸引人的故事；吸引人的故事一定是精妙的故事。

有人问："一个好故事的标准是什么？如何才能够设计出精妙的、精彩的好故事呢？"因为好故事自带吸引力，精妙的故事一定有气氛渲染的效果。因此，我们的演讲者一定要把自己培养成"故事大王"，让自己讲出吸引人的精妙故事。通常来讲，精妙的故事有以下几个特点：

一、 语言精彩

一个精妙的故事一定要有精妙的语言。如今，许多听众选择在喜马拉雅平台听小说，那些语言精彩的小说会更加吸引人。如果故事的语言不够精彩，甚至是非常粗俗、不堪入耳的，这些故事也不会给听众带来愉悦感。另外，精彩的语言决定了故事的精妙程度。许多人喜欢《哈利·波特》，《哈利·波特》小说除了有魔幻离奇的剧情外，语言描写也是非常精彩的。

二、 起承转合

任何故事都要有开头、过程、高潮和结尾。如果一个故事，大家听了开头就知道了结尾，这样的故事是非常失败的。精妙的故事一定是一环扣一环的，甚至像一部悬疑电影。起承转合是一个故事的"四部分"，起就是开头，承是过程的"承接"，转是高潮，合是完美的结局。一个好故事离不开起承转合，甚至一部好电影也离不开起承转合，人生也是如此。深谙"起承转合"的哲学，也就能够创作出一个好故事。

三、 角色精彩

不管如何，故事总归是故事，也不是诗篇，而是要有一个实实在在的人物和人物角色所承担的"戏份"。如果一个故事中没有角色，这样的故事也就不是故事了。如果一个故事中的人物角色太过复杂，也会给演讲者带来陈述方面的风险。因此，演讲台的故事既不能没有人物，也不能人物太多。如果故事中的人物角色具有某种吸引人的"光环"，这样的故事就是一个精彩的故事。

四、 节奏变化

一首绝妙的音乐一定有绝妙的节奏，节奏的变化让一首音乐更动听。精彩的故事也是如此。一个好故事一定要有节奏，该快的时候快，该慢的时候慢，需要推进的时候一定有推进的力量……起承转合是一种"节奏"，但是这种节奏是"宏观"的。故事的情节，也有节奏上的变化。另外，故事的陈述节奏依赖于演讲者的讲述。用一种富有情感的、有节奏的语言去呈现故事，也会产生意想不到的好效果。

五、 情感饱满

有一些故事会给人一种非常"干涩"的感觉，听众听完了这些故事，可能很快会忘掉。还有一些故事却是情感饱满的，每一个人物、每一个情节都充满了情感与情绪，而这种情感和情绪也是听众需要的东西。因此，演讲者在设计编排故事的时候，一定要让情感融入故事，并且在演讲过程中，也将自己的情感融入故事中，给人一种带入感，更易引起共鸣。

六、 结局圆满

有人问："一个故事，一定要有结局吗？"虽然也有没有"结局"的故事，但是这种故事的结局是一种"没有结局的结局"，具有一种"神秘感"和"悬疑感"。除了这一类故事之外，绝大多数的故事都要有一个"圆满"的结局。所谓"圆满"，并不一定是好结局，而是逻辑推理之下产生的结局。结局圆满了，故事才算完整。

一个好故事，一个具备气氛渲染特质的故事，要具备语言精彩、起承转合、精彩角色、节奏变化、情感饱满、结局圆满六大特点。演讲者在讲述故事的时候，也要用语言和情绪进行渲染，让故事更加出彩。只有这样，演讲者才能为听众奉献精彩的、吸引人的故事。

直观的物证渲染

有这样一句话："事实胜于演讲。"一个人想要说服对方，需要提供直观的物证。如何借助直观的物证去渲染呢？几年前有一个非常有名的电视节目叫《档案》，这个电视节目收视率非常高，而且在"档案"故事中陈列大量的物证刺激观众的眼球。观众观看《档案》，不仅能学到知识，还可以积极参与到节目的互动之中。对于一名演讲者而言，他不仅要会讲故事，还要在陈述中提供直观的物证，以此夯实自己的观点。

这里讲的"物证"是指直观可见的证据。俗话说："耳听为虚，眼见为实。"在传统的演讲时代，许多演讲者很难向人们提供直观的物证；如今，许多演讲者借助多媒体设备呈现自己所收集的物证，给自己的演讲提供了"实证"。通常来讲，"物证"主要体现在三个方面：

一、实物

许多人在陈述过程中会提及有名字的东西，这个东西到底有何用途呢？具有名字甚至具有实际外形的东西，不仅会给人直接的感受，而且许多人的头脑中已有关于它的经验，形成了一定的概念。当一个人描述罐头的时候，人们就会想到罐头并且凭借想象力感受罐头这个物品：它是甜的，味道好、口感好，具有童年的印记。当一名演讲者向听众提供这个东西的时候，绝大多数有过实际经历的人都会产生一种因记忆而导入的情感和情绪。由此可见，实物物证是非常有价值的。现实中，许多演讲者在演讲的过程中也会提供这种现场可见的物证来烘托氛围。

有一个演讲者的演讲题目叫《我的父亲母亲》。对于许多20世纪50年代出生的人而言，"三转一响"之说是不陌生的。所谓的"结婚套装三转一响"指的是缝纫机、自行车、手表、收音机。尤其是缝纫机，缝纫机是一个时代的缩影。这个演讲者把"缝纫机"这个物证搬到了现场。许多人看到这个东西之后，有了视觉冲击，马上让他们想到了那个年代的生活。

实物物证是一种非常容易获取的东西。当一个人设计的演讲主题与某个"实物"相关的时候，倒不如将这个"实物"拿出来展示给大家，让大家有一种直观深刻的感受。

二、 清单

清单不同于实物，但是清单相当于实物在运输、分配过程中留下的痕迹。从事企业管理与仓库管理的朋友们都知道，在物资的入库与出库过程中，要详细记录实物的入库与出库信息。如果这样的信息没有造假，信息数据也是真实可靠的。一个物品对应着一个单号，一个单号就相当于一个物品。

有一位演讲者演讲的内容与某地区的犯罪率有关。有一位听众产生了疑问，问他："你是如何得到这样的数据的?"这位演讲者说："通过实际调查，我核实了某些数据是真实可靠的。"于是，这位演讲者将所有收集到的数据以直观的形式展示给产生疑问的听众，打消了听众的疑虑。这个方式也让许多听众相信信息的真实性，继而起到了增强演讲效果的作用。

三、 痕迹

有一句话说："风过无痕，雁过留声。"发生过的任何事情都会产生痕迹。小到一只蜻蜓飞行留下的痕迹，大到一个人有过的婚史（即使隐瞒也无济于事），甚至到国家兴衰更替中留下的大量人证、物证。总之，痕迹也是一种实证，伤疤就是人们受伤之后"愈合"留下的痕迹。如果我们的演讲者在演讲过程中能够提供相关"痕迹"，也就能够向听众提供"铁证"般存在的事实依据。

多媒体时代，许多演讲者会借助技术优势，将自己收集的物证、清单、痕迹公布给听众，让听众感受自己的观点和思想是基于"事实"而来的。这种基于"直观实证"的演讲不但能够说服听众，还能营造良好的演讲氛围，给人们留下更好的印象，提升演讲的效果。

背景音乐的渲染

如果我们细心观察，常常能够看到许多演讲者在演讲的时候搭配有优美、动听的背景音乐。不久之前，笔者参加了一个演讲活动。演讲活动的冠军获得者孙某选择的背景音乐是《故乡的原风景》。这首日本陶笛大师制作的音乐，不仅好听，而且非常舒缓，给听众一种非常好的感受。现实中，许多人选择背景音乐都会选择比较舒缓的纯音乐。音乐也是一种语言，选择适合自己的、适合演讲主题的背景音乐，不仅能够有舞台渲染效果，还能够提升演讲者的舞台魅力。

年轻讲师陈佳宁每一次参加企业演讲都会选择背景音乐。有一次他在某企业进行《企业运营与管理》的演讲，听众是这家企业的中层管理者和业务骨干。在演讲的过程中，他选择了一首优美的轻音乐。这首音乐非常好听，而且轻盈、舒缓。在音乐的渲染下，台下的听众听得非常认真。演讲进行到一半，陈佳宁的演讲风格突然发生了变化……紧接着，背景音乐也突然发生了变化，换成了一曲"交响乐"。这个时候，那种舒缓的氛围一下子变成了快节奏的、富有激情的。与此同时，台下有一些人也笑了，他们认为陈佳宁的这样的编排非常有趣，尤其是背景音乐的选择。陈佳宁成功进行了一场企业管理演讲，他认为："我的演讲是在音乐声里进行的，有了音乐，舞台呈现效果会更好。"

不久之前，陈佳宁还参加了一场演讲比赛，他演讲的题目是"企业如何管好'人'"。这样的演讲题目往往会由于在管理观点上的"雷同"而让听众感到无趣。管理类主题的演讲是非常难以把握的，而且会给人一种枯燥感。想要解决这样的问题，选择一首好的"背景音乐"就非常重要了。这一次，陈佳宁选择了一首带有中国古风元素的纯音乐，音乐使用了古筝、琵琶等乐器。在这样的一种"古风"营造的氛围下，陈佳宁从"老子"的思想入手，向听众娓娓道出自己的管理故事和管理思想。事实上，许多听众都喜欢这样的音乐，他们在音乐的感染下聆听着陈佳宁的讲述。后来，陈佳宁拿了冠军，他认为自己的演讲水平一般，但是选择背景音乐的水平较高。

选择一曲"合适"的背景音乐是非常重要的，尤其是在听众较多的公开演讲的舞台上。什么样的音乐适合做背景音乐呢？演讲者又该如何选择背景音乐呢？

一、 选择元素丰富的音乐

音乐种类有很多，有摇滚乐、流行乐、布鲁斯音乐、乡村音乐……摇滚乐又有轻摇滚、金属摇滚、死亡摇滚……可以说，音乐家族是一个大家族。演讲者在选择音乐时，最好选择"元素"丰富一点儿的音乐。如果音乐的元素太过单一，也就无法给听众留下悦耳的听感。背景音乐是演讲者演讲的"加分"项目，元素丰富的音乐不仅能给听众带来好的听感，还能够营造更好的演讲气氛，甚至还能给演讲带来一种"旋律之美"。

二、 选择 "人声" 少的背景音乐

在笔者看来，选择纯音乐是最合适的。或者说，选择"人声"较少的音乐。曾经有个演讲者在演讲的时候选择了一首说唱歌曲。当他演讲结束之后，有一位听众站起来问他："先生，你为什么选择这样一个背景音乐呢？"他的回答是："这个音乐非常好听，难道你不觉得吗？"听众说："音乐确实是挺好听，但是我却没有听清楚你讲的是什么。"说白了，人声多的音乐完全帮了倒忙，或者说，是会喧宾夺主的。演讲者选择"人声"少的音乐，目的在于避免喧宾夺主，让背景音乐衬托自己的声音。只有这样，背景音乐才会起到正面的、辅助的作用。

三、 选择节奏舒缓的音乐

虽然也有朋友在演讲过程中选择个别的节奏强的背景音乐，而这种背景音乐仅是为了吸引大家的注意力，让它起到某种"造势"的目的。演讲开始之后，这样的强节奏的音乐就不太适合继续播放了，应该选择节奏舒缓的轻音乐。

如果演讲者能够选择元素丰富的音乐、人声少的音乐、节奏舒缓的音乐，就可以提升演讲效果，衬托演讲者的"人声"，并且最大限度地渲染出良好的演讲氛围。

5

提问互动的渲染

有讲台经验的老师都知道，有一种方式能够起到很好的渲染作用，这种方式就是：提问。老师提问学生，学生站起来回答问题。这种互动方式能起到巩固讲学成果的作用，让学生学到东西。对于演讲者而言，在演讲过程中设置"提问"环节也能提升演讲的效果。

某保险公司的资深讲师吴涛几乎每天都要站在讲台上演讲或者做培训。他的演讲有一个特点：幽默、风趣。有一年，他讲理财，并且讲到了许多故事，故事中包含了许多理财的知识点。故事讲完了，他就开始讲知识点，这种方式非常适合演讲舞台。当一个知识点讲完之后，他就采取有奖问答的方式向台下人发问。此时，大家参与的积极性非常高，甚至还会抢答。

吴涛说："提问是一种互动，有效的互动就是一种渲染方法。

提问的时候，听众回答正确可以拿到一份精美的小礼品。在小礼品的激励下，许多听众都喜欢这个环节。"

通常，吴涛的演讲会设置三个提问环节，三个环节分别在开头、中段、结尾。每到提问环节，听众们都会积极参与。凭借三次提问，吴涛不仅营造了良好的氛围，还实现了互动的目的。吴涛说："听众是讲师的衣食父母，没有听众，也就没有讲师这个职业。对于我而言，不管我选择使用背景音乐还是选择现场提问，就是为了拉近我与听众的距离，让听众能够耐心听我的演讲，并且从我的演讲中学到对自己有益的知识点。"

演讲的方式有很多，有一种演讲方式就叫提问式演讲。许多演讲者都会选择这样的方式，或者采取"提问"的方式开场。

　　刘明浩29岁就已经是某机构的精英级讲师，他有扎实的基本功，而且还有许多粉丝。刘明浩非常喜欢"提问式演讲"，这种演讲方式能够带来破冰式的开场，并让听众集中精力听他演讲。有一次，他演讲的题目是"员工激励"。他刚一上台，就在大屏幕上打出了一个问题："小时候，你们挨过打吗？"

　　听到这个问题，所有的听众都"积极"起来。有一位听众站起来说："大多数人都挨过打吧！小时候顽皮、不听话，爸爸妈妈会动手打屁股；上学的时候不认真听讲，老师也会拿尺子打手掌。甚至还有一些'企业'也有体罚员工的情况……虽然这种方式是违法的。"还有一位听众站起来说："我没有挨过打，但是我经常遭到批评。"批评也是一种"打"，是一种精神教育。还有听众笑着说："昨天刚刚挨了老婆一耳光，她说我赚钱太少了，使她没有成为剁手族的机会了。"总之，一个提问引起了听众的积极反响。刘明浩以"挨打"的问题引申到企业对员工的"惩罚"，继而由"惩罚式管理"引申到"激励式管理"。

　　演讲进行到尾声时，刘明浩又抛出一个问题："小时候，你们得到过表扬和激励吗？"此时又有许多听众站起来抢答。有一位听众说："记得小时候，我学习成绩非常不好，我的父亲脾气很急，看到考试卷上的成绩，恨不得立马给我一个耳光……其实我没少挨打。有一年考试，我算是超常发挥吧，我考了全班第四名。看到考试卷，我父亲笑着对我说'如果你下次再考这样的成绩，我给你买辆自行车'。20世纪80年代初，被奖励一辆自行车简直是做梦一样美的事情。为了得到自行车，我认真听讲，好好学习，结果考了全班第二名。"还有一名听众说："我对我的六岁的儿子说，如果你自己去洗一件衣服，我奖励你五块钱；如果你打扫一次家庭卫生，我再奖励你五块钱。不久前，我的儿子刚刚过了七周岁的生日，他偷偷告诉我，他已经有一千块钱的积蓄了。我告诉他，当你攒够两千块钱的时候，我再给你贴补三千块钱，给你买你最想要的那个东西。通过这种激励，我的儿子明显长大了，也懂事了。"通过这样的提问，刘明浩成功实现环境渲染，并且还实现了完美控场。

演讲提问的五种方式：①整体式发问，即对群体对象发问。例如：请问什么是导航者？请大家思考一下。②特定式发问，即对特定对象发问。例如：演讲提问有哪几种方式？请张×回答。③开放式发问，即启发多种思路的发问，一般为"5W2H"（What：什么？Who：谁？When：何时？Where：哪里？Why：为什么？How：如何？How much：多少？）。例如：今天的学习，大家有什么样的收获？④封闭式发问，即限定答案的发问，二选一法则。例如：这句话表达的是感性还是理性？⑤修饰式发问，即强调情感色彩的发问。例如：不讲信用的人还能和他做朋友吗？

演讲提问须注意的几个问题：把握好提问的时机；事先充分估计可能的答案；不要频频发问或咄咄逼人；可采用渐进式问话，分次一步步到位；注意听众的回应；及时给予肯定、鼓励。

总之，提问是一种非常好的渲染方式。演讲者在演讲过程中要适当对听众进行提问，激励听众积极参与演讲互动。

6

赢取掌声的渲染

如果一名演讲者能够赢取掌声，也就说明该演讲者打动并征服了现场众人，并且大家的掌声为其渲染了演讲的气氛，演讲者的个人形象也间接得到了提升。

演讲者杜娟非常善于营造演讲氛围。有一次，她参加某个演讲比赛，比赛现场来了 500 多名听众。杜娟说："听众能够认可我，就会为我鼓掌；听众不认可我，也就不会为我鼓掌。"但是杜娟的老师告诉她："想办法向听众要掌声也是一种本事。"有一个例子，著名相声演员冯巩登台的时候就会向听众要掌声，他要掌声时有这样一句台词："观众朋友们，我可想死你们了！"这句要掌声的台词诙谐幽默，观众听到这句话后自然就会送上掌声，而这句台词也起到了破冰、暖场的效果。

杜娟在老师的指点下，也设计了一个讨要掌声的"套路"，这个套路是这样的：登台之后，杜娟双手下压，示意全场安静。待全场安静之后，她会保持微笑状态，然后问大家："如果大家觉得我的演讲是有趣的，请大家过一会儿送上掌声好吗？"事实上，这个讨要掌声的办法非常奏效。当她说完这句话，听众就送上了自己的掌声，以掌声鼓励杜娟，这种方式也是屡试不爽。

除了在登台的时候索要掌声之外，杜娟还掌握了一个"赢取"掌声的秘诀。在她看来：掌声不仅是一种鼓励，还是一种互动方式。当你的演讲掀起一个小高潮的时候，就可以向听众'要'掌声了。比如，演讲到'高潮'且处于'承上启下'的环节时，听众就会送上掌声。再如，当你讲到一个有趣的故事，而这个故事恰恰可以GET（触碰）到观众的某个点，听众就会主动送上掌声。另外，还可以直接向听众要掌声，并在某个节点问听众"掌声在哪里？"总之，赢取掌声的方式有很多。杜娟的每一场演讲都可以赚来掌声，掌声之后则是听众更加投入的倾听。

后来，杜娟凭借自己的"本事"在一次演讲比赛中拿了冠军，而最佳人气奖（以掌声与投票为主要评选因素）也被她揽到了怀里。

有人问："如何才能赢得掌声呢？"这里有一个字：赢。赢是一种"赌博"，而"赌博"的前提是演讲者有什么样的筹码。那么演讲者拿出怎样的"筹码"才能赢得大家的认可呢？

一、真诚

我们多次讲到"真诚"，真诚对一名演讲者而言，真的很重要。有些演讲者虽然不是"幽默家"，却是真情流露的"故事家"。如果你的故事是真实的，而故事中的"点"能够打动观众，观众就会送上掌声。真诚是一种尊重，也是一种智慧。纪德说过一句话："对于心地善良的人来说，付出代价必须得到报酬这种想法本身就是一种侮辱。美德不是装饰品，而是美好心灵的表现形式。"演讲者想要得到掌声，必须向观众展示出自己的真诚。

二、幽默

喜欢看幽默剧的人都知道，当人们看到有趣的情节的时候，不仅会忍不住大笑，还会送上掌声。脱口秀演员们凭借自己一张幽默的嘴巴也能够换来无数掌声，相声演员也是如此。还有一位著名的晚会主持人，在晚会上模仿了一段谐星的经典表演，立刻引来无数掌声。可以说，幽默是制造掌声的最好的"法宝"。对于演讲者而言，拥有幽默细胞就如同拥有了掌声。你在合适的时候抖出一个包袱，就会看到立竿见影的效果。但是有位演讲家说："幽默的包袱不要一个接着一个，要在最需要包袱的时候扔出去，这个时候才能够发挥最大的作用。"

三、 感人

还有一些人完全是"以情入圣"的。人是一种感情动物，当人与人之间产生了情感上的共鸣，其中一方就会对另一方报以掌声。演讲者如果能够用自己的情感打动听众，也能够让听众为你鼓掌。

有人问："掌声真的那么重要吗？"掌声虽然不是最重要的，演讲者也不应该为了掌声而去演讲，但掌声作为一种"烘托"演讲气氛的方式，如果能够有"一些"，总比没有好。

需要掌声的三个提示：①随时穿插略带口号性质的语言；②声音忽然大幅提高；③略加停顿，留出大家鼓掌的时间。

7

幽默风趣的渲染

幽默风趣是演讲者必备的一种能力，一个幽默风趣的演讲者必会得到听众的喜爱，也会打动并征服现场听众。

一、 幽默的类型

（1）笑话：笑话其实很简单，三五句话就可以带来愉悦的效果。

（2）有趣的故事：有趣的故事比一般的笑话内容更多，更有情节。可以说幽默的笑话只是一种点缀，是"开胃的小菜"，而幽默的故事才是"大餐"。

（3）幽默的案例：这种方式相对简单。只要改变"案例"就可以了，不需要匹配太多搞笑的身体语言、夸张的表情、奇怪的声音，只需要改变"案例"让案例引得大家笑起来。

二、 幽默的三种来源

（1）借鉴的幽默：影视作品，尤其是小品相声中这样的幽默例子很多。比如，"这个可以有，这个真没有""此处省略××字""公鸡中的战斗机"，这样的幽默例子很多。需要注意的是，借鉴幽默要有"新意"。如果借鉴的幽默段子全是听众知道的，包袱还没有甩出来，大家就知道了，就无法产生幽默的效果。精心准备、深情酝酿的故事扔出去，期待引来大家哈哈一笑，结果听众没有反应，这就是"哑弹"。幽默就要"出其不意"，让人意想不到才会有意思。

（2）改编的幽默：改编的幽默可以防止出现"哑弹"。将幽默的故事或者笑话进行改编，为己所用。改编故事的方法有改主角，改情节，改结果，改表达方式等。

（3）原创的幽默：开自己的玩笑，或者是开自己身边关系好的人的玩笑，或者是拿成功人士开玩笑。如果你足够成功，完全可以开自己的玩笑，敢于嘲笑自己，是幽默，是智慧，更是胸怀。只不过要掌握时机。什么时候开自己的玩笑？如果你已经足够成功，而且在听众中已经有了足够的威信，那么你一上台就可以开自己的玩笑。如果你还不够成功，那就先征服了听众；如果你已经征服了听众，就可以开自己的玩笑"示弱"，这样更能拉近与大家的关系，建立融洽的关系。

记住，不要一上台就讲述自己的"悲惨"故事，除非你已经足够成功，同时听众已经知道并认可你足够成功。

三、 运用幽默的技巧

（1）不要过分推销

在讲故事以前，不要过分推销。什么叫过分推销？"我这儿有一个非常非常有意思的故事""我讲一个我讲过的最有意义的笑话""有一个故事，是我有生以来感受最深刻的故事""我有一段刻骨铭心的经历"等类似的话，都属于过分推销，这样会激起大家过高的期望，太高的期望可能会带来失望。故事本身才是主菜，大家需要的是主菜，就直接上菜吧。

（2）不要过分谦虚

过分谦虚可能会降低听众的期望，也有可能让听众丧失兴趣。例如："我这人从来不会讲故事，讲得不好的地方请大家原谅""我就随便讲一个故事吧""像我这样的性格一向不擅长讲故事"。类似的谦虚的话还是暂时收起来吧，这叫"未战先怯"，会让你接下来的内容的精彩程度大打折扣。

（3）不要前缀，直接开始

讲故事时开门见山，直接开始："我遇到这样一件事情""我听过这样一个故事""这里有个故事""有个故事"。最好是一句引子都不用，用故事本身去吸引人，不用太多的"前导"。

当然这样做也存在一定风险，如果听众的注意力没有集中，直接讲故事听众有可能开始的部分没有听到，会影响大家对后面的理解。避免这种情况的方法有两个：

第一，在讲故事前故意停顿，用眼神照顾全场，不要说话。这种突然的停顿，会让其他人都停下来，等你的下文。当大家充满期待地看着你的时候就是你讲故事的最好时机。

第二，为了避免最开始的部分没有被人记住，可以把最开始的部分设为不重要的内容，这样即使听众没有记住，对后面也影响不大。

（4）描述重点，淡化枝叶

讲故事的时候，要淡化细枝末节，只对重要的情节进行描述，因为这些枝叶会把听众带到另外的地方，一定要把你最想给听众讲的内容凸显出来，绿叶就是绿叶，是为了衬托红花的。细枝末节是小菜，主要情节才是主菜。

（5）提炼升华内涵

故事只有被赋予内涵才有真正的生命。演讲中的故事是为主题和观点服务的，提炼故事的内涵，做到理性的话题感性演绎，即欲要达理，必先达情；感性的故事理性升华，即以情达理，情理交融。只有这样，听众才会觉得"余音绕梁，三日不绝"。

（6）注意语速，清楚是第一要素

清楚是幽默的第一要素。想象一下，本来设计了一个非常棒的幽默段子，就是因为大家听不懂其中的某些字，或者没有听清楚内容，就变成了"哑弹"，这是多么遗憾。要控制语速，有适当的停顿。

（7）身体语言的配合

首先要注意你的眼睛，要尽量和全场听众有交流和互动。不要对着天花板或者地板讲，也不要自言自语。要适当地配合一些身体语言，包括走动和手势，只是不要太夸张，太夸张就是滑稽了。只需要用身体语言点缀一下就可以。最重要的是你的声音。可以这么理解，幽默是漂亮的花，声音是花瓣，身体语言是绿叶。你要让人们看到最美丽的花，而不是绿叶。

（8）合理应对"哑弹"

如何应对"哑弹"，这是很多演讲者都需要面对的问题。

方法1：把引线给听众，让他们引爆。

如果你讲某个幽默段子时，就猜测会有听众知道这个故事，与其让听众说出来，不如你先说出来，或者由你让听众说出来。比如，"我这里有个故事，我知道有人听过……"这样说的目的是暗示"你听过就不要说出来，我是说给其他人听的"。再比如说"大家猜猜这样的结果……对，就是这样……"如果有人说出来，也是你让他说出来的，他是在配合你，而不是你被"哑弹"了。

方法2：让听众引爆，但是由你来公布爆炸的结果。

就是由听众把故事的结果说出来，而由你来阐述这个故事的意义。

"狼进去了，传来阵阵惨叫，半天没有出来。好长一段时间后，兔子收拾好笔记本，进了洞，看到一幅景象，大家猜猜，里面发生了什么？"

有人回答："有只狮子把狼吃了。"

你接话："对，看到一幅景象——一头狮子正满足地剔着牙齿，地上是狼的残骸，就是狼被狮子吃了。"

你接着说："那么这个故事告诉我们什么呢？（略加停顿）这时候狮子把兔子叫过去，说：'兔子，我告诉你一个成功的秘诀，你要想学习演讲获得成功，除了你自己的努力以外，关键还要找到一个好的老师。'"

需要注意的是：这个时候要注意语速，要放慢速度，每个字都要吐清楚。

（9）活用新鲜词

比如，讲"集体"时称"团队"，讲"目录"时称"菜单"，讲"结伴出游的人"时称"驴友"，讲"九牛二虎之力"时称"洪荒之力"，讲"亢奋"时称"非理性亢奋"……注意收集运用新鲜词，让演讲更幽默。

第十三章　好演讲等于好故事

1

有故事的演讲才是演讲

　　前面我们多次讲到"故事"，几乎所有的演讲家都是故事大王。他们为什么在演讲的时候讲故事呢？难道故事真的是吸引听众的不二法器吗？有一位演讲家说："有故事的演讲才是演讲，如果我们的演讲只有思想和论点，那仅仅是一篇议论文或说明文而已。"会讲故事，讲能够打动听众的故事，凭借一种"情怀"去感染大家，演讲者才能撑住场面，给听众带来最好的表演。

　　还有一位演讲家说："只要有时间，我就会不断收集各种各样的故事。这些故事不仅是故事，也是我用来演讲的'素材'。当我讲'环保'的时候，我就要找一个'环保'的故事讲给大家，让大家知道'爱护环境，人人有责'。总之，故事是一种唤醒人们良知的好手段。"事实上，有故事的演讲才是真正的演讲，故事不仅是一种形式，故事还具有很好的"渗透"作用。

　　演讲比赛的冠军获得者张薇是一个讲故事的高手。为了演讲比赛，她准备了许多故事。她认为："虽然演讲比赛不是故事比赛，但是演讲比赛也要比拼故事。谁的故事精彩，谁的故事能够给大家留下深刻的印象，谁的演讲就会得到更多关注。"

张薇夺冠的那场比赛，她的演讲题目是"我和母亲"。张薇的演讲，其实就是讲了一个她与母亲的故事："我与我的母亲相差24岁，我们的属相都是马。我是小马，她是老马，'老马老马'，'老妈老妈'。但是在我眼里，她似乎是我的'情敌'，因为她非常漂亮，而我的模样随我的父亲。这种既亲密又微妙的关系伴随着我走过27年，直到我结婚、生子，我对她的那种'嫉妒'才放下。她是一个疼爱女儿的母亲，但也是一个不懂得如何表达母爱的妈妈。现在她老了，年逾花甲，岁月非常无情……"讲到这里，有些人已经落泪了。

"有一年，我的母亲生病了。但是她一直隐瞒着，后来我是怎么发现的呢？有一阶段她帮我带孩子，孩子休息了之后她也会跟着一起休息。但是过去不是，以前她的精神头儿很足，孩子休息后她会看电视或者报纸。就是这样一个细微的变化，有一天我问她：'你怎么不出门走走？'她说：'你以为带孩子很简单啊，比做家务辛苦多了。'此后，她的脸色发黄，而且体重也减轻了很多。在全家人的追问下，她才说出实情，她得了一种病，而且花钱挺多的，所以一直隐瞒着。"现实中，这样的故事实在太多了，但是这种"普遍性"都让听众们深信：这个故事就是演讲者张薇身上的故事。当她讲完故事之后，送给所有听众一句祝福语："愿全天下的母亲幸福安康，远离疾病！"演讲结束后，张薇得到了一致好评，最终高分夺冠。

一个好故事不仅能够拯救一台晚会，还能够拯救演讲者的所有的存在"瑕疵"的表演。有一位年轻的演说家常常在演讲中插入故事，以故事慢慢展开演讲。听众喜欢故事，他就会把精彩的故事拿出来与大家分享。有时候，人们记住了精彩的故事，会忘记主持人在演讲中的某些瑕疵。

除了在演讲中插入一些提前准备好的故事外，还有一些演讲者善于现场编故事。现场编故事是一种能力，只有极个别的天赋型选手才能够做到。即兴编的故事一定要"短"，如果太长，就很可能会存在逻辑方面的问题。故事可大可小，精彩的小故事也可以像大故事一样起到好作用。不管如何，一名演讲者想要在赛场上取得演讲上的成功，不妨多准备、多收集一些故事，把自己变成一个舞台上的"故事大王"。

2

怎样的故事是好故事

故事的种类有很多，有爱情故事、亲情故事，还有恐怖故事、悬疑故事……每个人的偏好也不同。对于笔者而言，笔者比较喜欢情感类的故事，情感类的故事也比较容易打动听众。演讲者要选择怎样的故事呢？选择适合自己主题的"好故事"即可。什么是好故事呢？难道还有坏故事？平庸的故事？

好故事可能没有统一的标准，甚至每个人都有自己的标准。当我们去统计这些标准的时候也会发现，大概有几条"标准"是大家几乎都认可的。《故事处方》的作者丹提·W.摩尔认为：无论你希望创造一篇优秀故事，还是提高文学鉴赏水平，都可以用"隐形磁河"的标准去衡量一个故事是否优秀。

"隐形磁河"是什么东西呢？所谓"隐形"，就是隐藏在故事深层的一条主线，而这条主线能够牵动听众的内心需求。不管如何，任何故事都要有这样一条主线，没有主线的故事不是故事。写小说的人需要用一条小说主线将所有的内容和片段串联起来，从而形成一个小说故事。

所谓"磁"，就是一种引发情感共鸣的"磁场"。换句话说，好故事一定是吸引人的，不吸引人的故事也就不是好故事了。曾经有一个演讲选手，演讲比赛上，他讲了一个"人与动物"的故事。这个故事虽然很温馨，却没有给听众留下什么印象。有个听众说："这个人虽然在讲故事，但是他的故事太普通了，我都听过好几个类似的了，而且他的语言组织也有问题。"与这位演讲选手不同的是，另一名演讲选手讲了一个"亲情故事"，这个故事虽然也很平实，却有诸多感动人的细节，因此打动了听众。总之，吸引人的故事才是好故事。

所谓"河"，就是像河流一样流淌自如。如果一个故事是"磕磕绊绊"的故事，那么这样的故事难以令听众接受。好故事一定是顺畅的，而不是障碍重重的。

除了上述这几个要点之外，好故事还要具备这样一些细节：集中的矛盾冲突、集中的情节进展、集中的人物关系。

集中的矛盾冲突：在笔者看来，一个好故事一定是有"内部矛盾"。有一个人讲了一个婆媳间的故事，婆媳之间向来存在一种"不可调和"的矛盾，在矛盾的激发下，故事中的人物也就有了脾气和性格。如果一个故事没有矛盾剧情，这样的故事是相当平淡的，平淡的东西也就无法吸引听众。许多朋友喜欢去喜马拉雅平台听故事，只有那些矛盾冲突集中的故事才能留住他们的耳朵。

集中的情节进展：好故事一定有集中的故事情节，如果故事情节太分散，故事也就变成了"散文"。集中的情节是一环扣一环的，形成一种链条。在链条的拉动下，剧情就会推动故事往下走……有人问："如何才能够实现环环相扣的剧情呢？"在笔者看来，演讲者要把故事中的人物放在矛盾冲突的环节上，并且要根据剧情的需要丰满故事中的人物，如语言、性格、爱好等，通过塑造人物实现人物与剧情的衔接。

集中的人物关系：一个故事一定要有人物，没有人物的故事也不是好故事。评定故事的优劣，还要看故事中的人物关系是否集中。许多人也在讲故事，故事中也有许多人物，但是这些人物之间并没有什么关系，这样的故事也会给听众一种迷茫感。一个好故事一定要有集中的人物关系，如某故事中：王刚与王军是父子关系、王军与孙俪是父女关系、王军与陈涛是同事兼朋友关系，王军、陈涛与林健是上下级关系。人物关系集中，才能够摩擦产生剧情。另外，只有集中的人物关系才能形成集中的情节，并在人与人的摩擦中产生矛盾、吸引人的剧情。

除了三个"细节"之外，好故事还有五种"价值"体现，即好故事一定可以传递精神价值，好故事可以传递某一种情感价值，好故事拥有"细节"价值，好故事能够塑造新人物形象，好故事能够给听众带来极致的体验。如果我们的演讲者能够做好上述几点，就能够编出好故事。

3

如何呈现好故事

当你有了一个好故事，还需要把这个故事讲出来。如何才能呈现一个好故事呢？有怎样的方法？

年轻人冯娜刚刚大学毕业，想要应聘到设计公司从事设计工作。但是绝大多数的设计公司需要年轻人拥有 1~3 年的工作经验，毫无工作经验的冯娜似乎并不符合条件。

她拿着简历来到一家设计公司，公司负责招聘员工的工作人员是这家公司的老板。老板看到冯娜的简历之后就问冯娜："你是应届毕业生吧？"

"是的，我刚刚大学毕业。"

"但是你不符合我们的招聘条件啊，我们公司要求有 1~3 年的设计经验，你没有工作经验啊。"

冯娜说："我虽然是应届毕业生，但是我有社会实践经验。两年前我做了一个公众号，公众号里面的内容和图片都是我的创意。有一家食品公司老板看到我的公众号，就直接联系我：'你的公众号设计得真不错，我们能否合作一下？'那时候我还在上大二，穷学生一个嘛！为了手头宽裕点儿，我果断跟那个老板见了面了，没想到……"

冯娜为了引起设计公司老板的注意，故意在此处停下。此时，设计公司的老板问："没想到怎么了？"

冯娜说："没想到的是，那家公司的老板跟我签了合作协议，每个月给我3000元的设计费。我想了想，对于一个穷学生而言，每个月有3000元的收入，简直美美的。于是，我就参与他们公司的文创设计了，甚至还有一个产品设计拿了奖呢！"

"什么产品？什么奖？"设计公司的老板仿佛被冯娜下了套。

"一年前有一个设计比赛，我拿了优秀奖，奖金10000元。因为获奖了，那家公司的老板又给我每个月工资涨了500元。"就在这时，冯娜拿出了自己的作品和获奖证书给这家公司的老板看。这家公司的老板还是非常好奇，他问冯娜："既然你跟那家公司有过两年的合作，毕业之后为什么不去那家公司工作而选择我们的公司呢？"

冯娜说："我是学设计的，当然要选择一家'高大上'的设计公司。两年前我就关注您的公司了，我还跟我的一位朋友说，'如果能够去这家公司上班，我就有吹牛的资本了'。两年之后，我终于鼓起勇气来到您的公司，希望我的愿望能够梦想成真……这也能够实现我对我爸许下的承诺！"

"什么承诺？"老板继续问。

冯娜继续自己的故事说："两年前，我爸生病住院，而且病得很重。是我妈一直在他身边陪着。后来我请假去医院看他，他那时候的精神状态、身体状态已经非常不好了。我爸对我说：'你要马上回学校，要不然耽误了学业，以后怎么去找工作？'我对他说：'爸，您放心吧，我一定可以找到一份令您满意的工作，而且是一份非常好的设计工作。'我对他许下了承诺，而且我也要兑现这个承诺……因为我的父亲……"

"你的父亲怎么了？"

"因为我的父亲去世了！"故事讲到这里，冯娜忍不住掉下了眼泪。这张感情牌非常管用，设计公司的老板决定给冯娜一个机会，并告诉她："三天之后，你先去设计一部实习吧，实习期一个月，实习期有薪水，但是薪水不高。实习期间，公司给你提供两周的专业培训，希望你好好把握。"

冯娜的"故事"打动了公司老板，她如愿得到了工作机会。对于演讲者而言，想要呈现一个故事，完全可以依照冯娜的这种"套路"进行呈现。

第一步，讲故事要快速切入主题。

有些人讲故事，总喜欢云山雾绕式的，久久没有切入主题。现实中，一个段子手或者故事大王总会快速切入主题。故事中的冯娜就是采取这样的一个办法，她的故事主题是：我有工作经验。快速切入主题，才能够让听众抓住主题，听众抓住了主题才会有兴趣继续听下去。

第二步，设置悬念。

故事中的冯娜不停地在设置悬念，这样的悬念也让设计公司的老板有兴趣，而他也会一直听下去。设置悬念有两层含义：第一层，给听众以思考；第二层，进一步引起听众的兴趣。通常来讲，故事大王也是设置悬念的高手，在"起承转合"的节点处设置悬念，就能引起听众的聆听兴趣。

除了以上两步之外，演讲者在讲故事的时候要尽量采用"平铺直叙"的语言，而不是抽象的语言。

4 讲故事如何设置悬念

前面章节，我们借助故事已经讲述了优秀故事的特点，设置悬念是优秀故事的重要特点之一。著名作家斯蒂芬·金就是一名"悬疑大师"。所谓悬疑，就是故事中拥有各种各样的悬念。故事悬念应该如何设置呢？技巧是什么？本节重点讲述"如何设置悬念"。

一、人物悬念

喜欢观看电影的朋友们都知道，一部好电影一定有出类拔萃的电影人物。《泰坦尼克号》中的露丝和杰克给人们留下深刻的印象；电影《复仇者联盟》中的钢铁侠、雷神、美国队长、绿巨人、黑寡妇等也是非常丰满的、吸引人的角色。演讲者要如何塑造人物呢？或者说，如何让一个人物有"悬念"呢？好故事一定要有冲突，也就是把人物嫁接到冲突之上。人物导致"冲突"，而"冲突"就会形成悬念。悬疑大师希区柯克常常把故事中的人物当成一个"开关"，这个"开关"能够打开某个故事，或者成为故事中的某个剧情的门闩。

二、事件悬念

一个故事等同于一个事件。好故事等于好事件，好事件就包含着各种悬念。曾经有一个演讲者讲了一个扣人心弦的故事，故事中的事件是这样的：有一次煤矿发生事故，埋了十个人。事故发生后，煤矿的管理者担心丢了自己的乌纱帽，于是想了一个非常坏的点子：隐瞒事故。就在瞒报事件即将上演的时候，"悬念"出现了。有人一个电话打到了煤矿管理者的办公室，这个人是省安全局的人。这个人听到有关事故的消息之后，打算第一时间去事故现场。本来打算瞒报的煤矿管理者只能收回自己的馊点子，迎接安全局的人员。省安全局的人员到了之后，告诉了他事故造成死亡，后果很严重。这个煤矿管理者又有了馊主意：花钱收买省局来的人员。省局人员起初也是抱着模棱两可的态度，后来就坚定了想法：必须把困在煤矿井下的人员救出来。因此，救援的故事开始了。救援进行了三天三夜，煤矿井下被困的人员是不是还能生还？这里又形成了一个悬念。此时演讲者告诉听众："他们并没有死，没有放弃自己的生命，而是喝着煤矿矿井里渗透出来的水，吃一些浸泡过的木头生存……除此以外，他们相互鼓励，用

演讲的魔力

164

仅剩的'理性'告诉彼此坚持就是胜利。"与此同时,抢救的队伍也没有停止,但是他们也遭遇了许多困难。"困难"也是悬念,这种悬念可以引起听众的注意力,抓住听众的兴趣点。这个故事有一个圆满的结果,所有被困人员被成功救出,员工凭借自己的意志顽强地活了下来。如果一名演讲者能够构架一个好事件,也就能把悬念插进来。

三、 奇特元素

还有一些故事,故事本身存在一种"X"元素。这种"X"元素就是不确定的神秘元素,也就是奇特元素。有一位演讲者讲了一个故事,这个故事是关于"探险"的。有人问:"探险的故事能有怎样的神秘元素呢?"这个演讲者讲:"我们在探险的过程中遇到了一个神秘的'部落',这个'部落'几乎与世隔绝,他们连身份证、户口本都没有。"讲到这里,恐怕许多听众就会感兴趣了,他们也想知道这个神秘'部落'的其他神秘之处以及为何如此神秘。演讲者一步一步揭秘故事的真相,在揭秘的时候,又会留下许多悬念,如神秘部落如何狩猎,如何与大自然保持和谐……

除了上面三个元素之外,还有一些演讲者会借助故事道具设置悬念。曾经有一个演讲者讲的故事是"民国档案",在这个故事中,他借助了一个道具:血簪子。围绕着这个神秘的道具,演讲者完成了整个故事的讲述,并赢得满堂彩。

5

讲故事还要 "推销" 自己

演讲到底是什么?仅仅是一场表演吗?在笔者看来,演讲的最重要的目的是推销自己。只有将自己推销给听众,听众才会听你的故事。

许多演讲者表面在讲故事，其实是在讲自己，故事中的主角就是演讲者自己。听众听了演讲者的演讲，如同听了一个演讲者自编自导自演的故事。现实中，人人都要推销自己。如果一个人能将自己推销出去，也就能给自己创造财富。

年轻企业家刘东创办了一家公司，公司名字叫"空间一加一"。从名字上看，这家公司是从事空间设计的。刘东是设计师出身，但是他想要扩大规模，就需要进行社会融资，他需要募集2000万元完成这个计划。俗话说："投资都是有风险的。"投资人并不是傻瓜，如果刘东能够说服他们，他们才有可能投资。

刘东的路演现场来了不少投资人，这些投资人每天都会跑各种"现场"，从而评估那些值得投资的项目。刘东的路演准备得非常充分，他带来了一个"财富"故事：

> 十年前我刚刚走出校门，那时候的房价还不是这样的房价。如果那时我有先见之明，会想办法买一套房子。可是我有"穷人思维"啊，目光短浅。这该怎么办呢？于是我去了一家设计公司拼命打工，就是为了买一套房子。后来我发现，房子越来越贵，而以我的薪水实现买房目标很困难。

> 三年前，我买了一套房子，而此时我付出的代价是十年前的六倍。于是我在想，既然付出了那么大的代价，我一定不能让我的"棺材本"折本。这该怎么办呢？有一位日本空间设计师告诉我：在大阪郊区，有一处私人豪宅。他花了约30万美元的价格买下了它，然后费劲心血将它改造……当然，他花了整整一年的时间。这一年时间他做了什么？他把那一套房子改造成了一家"艺术馆"，这家艺术馆在整个日本都是赫赫有名的。随着它的声名鹊起，有一位商人打算出300万美元的价格购买它。此时，这位空间设计师告诉他：这是我一年的心血，我花费的心血和思想决定了我不会出售它。后来，这位空间设计师还是把艺术馆卖掉了，原因是他父亲的公司濒临破产，急需一笔钱。大家知道他卖了多少钱吗？550万美元。

在我们这座城市，在我们城市的郊区还有大量的这样的老的房子。这些房子最美的地方在哪里呢？是它的年龄。那种年代感就是它的美。今天我想做一件什么事情呢？我也想像那位日本空间设计师那样为那些即将被人遗弃或者闲置在外的老房子赋予新的生命力，生命力就是财富和价值。不久前，我们将一个价值130万元的老宅子进行了"思想赋予"。就在前天，我们将它以290万元的价格出售给一位私人会所的老板。

我想说的是，我们的工作不仅仅是恢复老宅子的生命力，而且还要让这种生命力转化成倍增的财富。

讲完这个故事，许多投资人已经开始动心了。于是，刘东的电话不断，刘东也开始逐一拜访有意向投资的投资人。一周之后，刘东成功募集了2000万元的资金。有一位投资者说："刘东先生有一种个人魅力，而且他也是一个讲故事的高手。对于投资人而言，我们已经听腻了各种道理，唯独对这样的'财富故事'感兴趣。"

十个道理顶不上一个好故事，一个好故事又需要一个会讲故事的人去呈现。对于演讲者而言，演讲者不仅是故事的口述者，还是灵魂的赋予者。会讲故事的人能够给冰冷的故事"人性"，而"人性"的背后是演讲者自己。由此可见，演讲者去讲一个故事，其实是在讲"自己的故事"。只有讲好了"自己的故事"，才能够将自己推销给听众，让听众埋单。

第十四章　好演讲源于控场

1

冷场后需要 "救场"

有人问："演讲者会不会遇到冷场？冷场了该怎么办？"演讲者遭遇冷场是很常见的事情。如果演讲者能够掌握一套"救场"的本领，也就能够力挽狂澜，重新点燃舞台激情。冷场后成功救场的案例有很多，我们列举几个案例。

案例一：婚礼现场救场

某个婚礼现场，主持人的主持一直非常平稳，没有出现任何差错。就在这个时候，有一位来宾给两位新人点歌《羞答答的玫瑰静悄悄地开》，主持人也就因此帮忙点播。歌曲刚刚播放不久，突然卡壳了，婚礼现场非常尴尬。此时，婚礼主持人灵机一动，说："没想到的是，这朵玫瑰确实是羞答答的……"这句话不但成功救场，而且还让现场来宾捧腹大笑。

案例二：演唱现场忘词

许多歌唱者都会出现"忘词"的情况，"忘词"也是很常见的一件事。有一位歌手演唱一首其他歌手的代表作，演唱过半，他突然忘词了。就在这个时候，观众看到这一幕也有些"无法理解"，歌手遭遇了冷场。这个时候歌手非常聪明，他竟然从口袋里掏出一个"喷雾剂"往嘴巴里喷了一下，到了记住台词的地方继续接着唱。一个循环下来，到了忘词的地方他会将麦克风指向观众，让观众去唱。观众的帮扶让他重新想起了台词。到了第三个循环，他就按照原计划继续唱。唱完了之后，他又拿起喷雾剂喷了一下口腔，然后模仿一种"疲劳"的声音向观众道歉："真的不好意思，疲劳作战，只能借助喷雾剂了！"然后他向观众鞠躬。观众不但接受了他的失误，而且还为他起立鼓掌。

案例三：麦克风出问题

还有一些事情并不是人为造成的，而是某些设备损坏引起的。有这样一件事，某电视节目主持人负责主持一档娱乐节目。众所周知，娱乐节目也是一种容易"笑场"类节目，许多人会在现场笑场。该娱乐节目进行到高潮部分的时候，麦克风突然失灵了。经过一分钟的"抢救"之后，现场已经冷场了。此时，主持人拿起修好的麦克风说："我的节目太火爆了，连麦克风都'爆缸'了。"观众听到这句话后，竟然又爆笑全场。

案例四：现场摔倒救济

婚庆仪式是非常重要的仪式，这种仪式有一个特点：现场人员都是结婚新人的亲朋好友。如果婚庆仪式出了问题，比较容易冷场。有一场婚礼，一对新人在主持人的引导下走上了红地毯，并缓缓走向舞台中央。就在这时，新娘脚下打滑，跪倒在地。如果这样的事情处理不好，婚礼现场就很容易冷场。很显然，这个婚庆仪式的主持人经验老到，他对摔倒的新娘说："我也知道你拜堂心切，但是也不要太着急，慢慢来。两个人的婚姻生活也是要这样，慢慢来。"主持人的这句话成功救场，现场的人纷纷给这对新人和机智的主持人鼓掌。

除了上面案例之外，湖南卫视的节目主持人汪涵是非常有名的"救场专家"。2015年的《我是歌手》节目，歌手孙楠在直播现场突然选择退赛，给节目组造成了极大的被动，而这一幕也被称为"黑色七分钟"。汪涵是怎么救场的呢？他是这样说的：楠哥，我特别想问一下，刚才您说的每一句话都是您此时此刻内心所想所感，都是您自己拿定主意之后的观点？既然我是这个舞台的节目主持人，接下来就由我来掌控一下。首先请导播抓紧时间给我准备一个三到五分钟的广告时间，谢谢！我待会儿要用。接下来我要说的这段话有可能只代表我个人的观点，而不代表湖南卫视的立场……汪涵不但成功救场，作为一名优秀主持人，他的控场能力和责任感给在场观众和电视机前的观众留下了非常深刻的印象。

　　救场的方式有很多种，演讲者需要掌握一种救场的本领。演讲者不仅需要过硬的心理素质，还要掌握一些技巧，这些技巧要巧妙地与现场出现的"失误"形成一种反差，成功化解尴尬。如果演讲者做出的救场方式是幽默的或者是凸显主题的或者是引发观众兴趣的，就能实现成功救场。

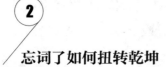

忘词了如何扭转乾坤

　　上一节，我们已经提到忘词这样的案例了。现实生活中，忘词是常有的。许多演讲者在演讲台上往往因为紧张也会忘词。有一位演讲者说："演讲忘词确实非常尴尬，但是忘词绝非无法扭转。如果运用的方法得当，不仅能够弥补忘词的尴尬，还会有意料之外的精彩。"

　　有位音乐界的男歌手，他的曲风华丽，歌词也非常有个性。事实上，他也曾遇到忘词这样的窘事，如何摆脱忘词的尴尬呢？他唱歌时有一个特点：咬字不清。咬字不清也为他忘词提供了"便利条件"。他有时也会选择哼唱的方式顺利解决忘词问题。现实中，哼唱是一种非常好的方法。对于演讲者而言，哼唱虽然是不太现实的一种做法，但是演讲者可以做出"手托下巴"的思考状，然后及时转变画风，跳过忘词这样的尴尬事。如今，许多演讲者已经总结了一些管用的"经验"，下面把这些经验分享给大家：

一、 诚实对待

虽然忘词是比较尴尬的一件事，但是对于一名优秀的演讲者而言，这也是瑕不掩瑜的。演讲者如果遇到这样的问题，完全可以诚实对待，用"道歉"的方式进行说明。

有一名演讲者演讲的题目是"父亲"，当他演讲到一半的时候，他突然停住了。此时，台下的人也在等着他做出反应。他做出了一个"捂嘴"的动作，然后对台下的听众说："实在对不起，我刚刚忘了台词。"说完这句话，他向台下听众深鞠一躬。因为他非常诚实，舞台并没有因此冷场，大家还以掌声鼓励他。

二、 直接放弃

还有一些人在演讲过程中，会忘记某个"章节"。众所周知，演讲是"进行时"的。换句话说，演讲的内容只有演讲者知道。即使演讲者跳过某些章节，听众也难以发现。如果演讲者遇到了这样的问题，尤其是忘记某个"章节"，可以采取这种"直接放弃"法。放弃忘记的那部分内容，直接呈现没有忘记的内容是相对容易的处理方法，也是一种较为简单的临场处理法。

三、 通过提问

记得有一名老师在讲公开课的时候经常做一件事："某某同学，请你回答我黑板上的问题。"此时就有一名同学站起来回答。事实上，这名老师忘记了黑板上问题的答案，而这个答案就在书本上。同学站起来念一遍，也帮助他想起了被忘记的内容，这种方式是一举两得的。

还有的讲师是这样做的：当他忘记某个内容或者某一个概念内容时，他会点名让某个学员站起来念一遍。这种方式与"提问法"是如出一辙的。如果是演讲者，还可以采取一种"问题转移法"让台下的人进行回答，在别人回答时演讲者可以看一眼演讲内容，然后再恢复到正常的演讲状态。

四、 索要掌声

　　曾经有一个单口相声演员，他的表演一直非常顺畅，但是突然他忘词了。这该怎么办呢？这个相声演员采取了一种索要掌声的方式。他说："如果观众们觉得我表演得还可以，就给我点掌声。"这种方式非常奏效，他不仅要到了掌声，而且直接跳过了忘掉的"桥段"，直接开始下一个内容。演讲者也是舞台演员，完全可以通过索要掌声的方式解决问题，避免忘词的尴尬。只要演讲者的整体表现是精彩的，索要掌声的这种方法是非常管用的。

　　忘词的确有些尴尬，想要避免尴尬的方式只有一个：防止忘词。一般而言，忘词的"元凶"只有两个：第一，功课没有做到位；第二，精神高度紧张。解决第一个问题的方法是：认真做功课，功课做到位了，自然就记住了。解决第二个问题的办法是：放平心态，让自己保持一种适当放松的状态。

　　忘词既不是小事，也不是大事。如果真的忘词了，那就按照上面所讲的四种方法进行补救。从根本上讲，预防忘词才是关键。只要演讲者做足功课，放平心态，就会大大降低忘词的概率。

3

说服也是一种控场

　　说服别人是一种本领，口才好的人都具有一种说服别人的能力。许多演讲者之所以拥有众多粉丝，是因为他们迷人的思想和说服他人的本领。如果一名演讲者无法说服听众，听众也就不会捧场。有一位知名的讲师说："讲师需要做到三件事——表达准确、内容无误、说服别人。"说服也是一种控场手段，那些控场水平高的演讲者多半掌握了一种强大的说服技能。

说服是一种技能，只要演讲者、讲师、教师、谈判者等语言工作者掌握以下几种方法，就可以做到"说服"对方。

一、 事实说服法

俗话说："以事实为依据。"如果一个人能够陈述事实，并且让听众接受这个事实和事实背后的真相，听众也就能够接受这个人的观点。

有一个售楼经理去年得到了"金牌售楼先生"的荣誉，赢得百万元售楼大奖。有一次，一个客户来他所负责的楼盘看房，得知售楼经理很有一套售楼的本事，便问："这里的房子确实比别的地方的房子好吗？"售楼经理说："我不能说我们家的房子是最好的，但是我们家的房子一定是物有所值的。"客户好奇地问："如果你能讲出说服我的理由，我就购买一套。"事实上，这个客户确实想买房子，也有购房实力。

售楼经理这样说："我们有这样一组数据。首先，请您看我这张表格，城市所有楼盘的价格我们都有。在这个区域内，我们楼盘的房价是有优势的。其次，我们楼盘距离地铁站只有 600 米，对于上班族而言，交通是非常便利的。最后，请看看我的'投诉'记录……我一共销售了 300 多套房子，至今是零投诉。"听完售楼经理的话，看到了真实的数据，那个客户马上付了购房定金。

事实胜于雄辩。有时候，一个善于陈述事实的人比一个雄辩之才还要优秀。有人说："大道理我听得太多了，懒得听这些东西了。我们想要听到事实，是事实而不是道理，道理也不是绝对'有道理'。"

二、 案例说服法

案例说服法与事实说服法有相似之处，不同之处在于：案例说服法需要演讲者向听众提供一个案例，这个案例可以是经典案例，还可以是当前人人都在关注的大事件；事实说服法更依赖于相关事实数据。

曾经有一个省安全局的副局长去一家国有煤矿做安全演讲，演讲的时候，他讲述了国内一些事故案例，其中他这样讲道："山西某煤矿发生瓦斯爆炸事故，这个事故也是震惊国内外的。为什么会发生爆炸？背后的原因是什么？难道仅仅是人为操作不当吗？管理环节是不是也出现了问题？监督部门呢？"当他解读完这个案例之后，这家国有煤矿的管理者表情严肃，他们也深刻地认识到安全之于煤矿生产的重要性，安全重于泰山。

如今，网络信息十分发达，人们可以通过互联网收集各种各样的案例，说不定这些案例就能够在关键时候派上用场。

三、 情感说服法

人们常常用"动之以情，晓之以理"来形容那些懂得沟通的人。动之以情，就会发动一种"感情攻势"，人人都有一种怜悯之心，这种怜悯之心就是人们动心的原因所在。如果一名演讲者的"情感"诉说非常到位了，能够将自己的情感"细菌"传染给听众，听众就会被感动。许多主持人也都拥有一项本领：打感情牌。会打感情牌的人，人们也会感觉他特别亲切。晓之以理，就是明事理。有人说，晓之以理不是通晓"道理"吗？在笔者看来，"道理"这个词已经被妖魔化了，倒不如用明事理来解释。

有一位企业家在企业处于动荡期间召开了一次"会议"，会议也是以演讲的方式呈现的。这位企业家是如何说服员工的呢？他寻根溯源，讲了企业的发展史，而企业的发展史就像一个人的成长史。企业的成长离不开照顾它的亲人，而员工就是看着它长大的亲人。只有不听话的孩子会舍弃亲人，而亲人通常不会舍弃不听话的孩子。通过这种真情回顾的方式，这位企业家留住了企业的中流砥柱。这家企业也成功走出了泥潭，在深交所挂牌上市。

如果演讲者能够掌握上面三种"说服"方法，并将其运用到演讲中，也就能够说服听众。

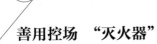

4 善用控场 "灭火器"

演讲现场什么事情都可能发生。不久前，有一位讲师在讲台上讲有关理财的课程，但是在讲课的过程中出现了"闹场"。有一名听众站起来批评讲师："你讲的这些东西完全是忽悠人的，经不起推敲。"遭到听众起哄，这位讲师也没有什么办法去应对。最后，演讲停止了。说到底，这是一次失败的演讲。对于一名演讲者而言，冷场、闹场等都是常见的现象，如果演讲者的"控场"能力不足，演讲现场就会失控。因此，演讲者要拥有一个控场"灭火器"。有了这个"灭火器"，演讲者也就能解决这样的问题，并且提高控场水平。现实中，都有哪些控场"灭火器"呢？

一、 以静制动

闹场的方式也有很多，大多数"闹场"的情况是这样的：听众不认真听演讲，而是交头接耳。听众对演讲者的演讲不感兴趣，就会出现这种情况。而演讲者的演讲主题也不可能博得所有人的喜欢……出现交头接耳的情况，不但影响其他听众，还会干扰演讲者。这个时候，演讲者完全可以采取以静制动的方式。有一位讲师听到台下学员交头接耳，选择了这样一种方式——他突然闭口不讲了，讲堂处于安静状态，而交头接耳的学员的声音却显现出来。这种方式是一种"警告"，这种警告非常有效果，那些交头接耳的、不自觉的听众会碍于面子选择闭嘴。通过这种"以静制动"的方式，演讲者能够提升控场能力。

二、 合理解释

还有一些讲师可能会出现忘词或者记忆错误，然后给听众传递了错误的信息。如果有些错误被听众发现，听众可能会提出质疑，而这种"质疑"也是一种现场事故。演讲者应该如何解决这个问题呢？有一位演讲者是这样解决的。他在演讲的时候出现了错误，一名听众提出了质疑，而演讲者也发现确实是错误。此时，这位演讲者向听众表示感谢："啊，谢谢你朋友。看来我们的听众朋友听得非常仔细，帮我找到了一处错误。是的，刚才确实记错了，实在对不起。所以我要更正一下，不能继续错下去。"通过这种合理解释的方法，演讲者得到了听众的谅解，甚至还有听众给他鼓掌。出错了不要怕，态度诚恳一点，合理解释一下也能起到"灭火器"的作用。

三、 请教上场

曾经有一个年轻讲师在讲课，讲课的时候，台下有一位学员突然站起来质疑他，并且提出了一些"高见"。这位年轻讲师很沉着冷静，他用一种尊重学员的态度说："您提的这些建议很好，那我也请您上台与大家一起分享一下。"此时，那位学员没有上台，而是灰溜溜地坐下了。年轻讲师继续帮他打圆场："可能这位学员还需要准备，那就等我讲完了之后再邀请他上台。"通过这种"请教上场"的方式，也能够化解这种闹场。听众提出"高见"的原因不外乎有两种：第一种，确实是有疑问而发声的；第二种，以质疑的方式去闹场的。请教上场的方式不仅能够给足闹场听众的面子，还会化解尴尬，完美救场。

四、 妙语应对

许多演讲者、讲师、培训师都可能遭遇过挑衅，挑衅是演讲现场非常不和谐的一幕。面对听众的挑衅，培训师一定要沉着冷静，不要用一种"暴力"的方式回复挑衅。曾经有一名演讲者面对听众的挑衅做出了非常不冷静的举动："有种你上来讲讲啊？"结果演讲现场失控，听众与工作人员发生了争吵、斗殴。现实中，有一些演讲者是非常聪明的，面对听众的挑衅，他们采用妙语方式去"回击"。有一名演讲者遭遇挑衅的时候，他这样回复演讲者："先生，你是想让我再重复讲一遍吗？我能不能多征求几个人的意见？如果有三个以上的人也让我重新讲一遍，我就重新讲……"这时，那位闹场者摇摇头说："不必了，你继续讲吧！"演讲者回复："谢谢你的继续支持，等我下台之后单独给你面对面地讲一遍。"这种妙语应对的方式也是一种冷静的、和睦的处理方式，这种方式非常奏效，能够化解听众的挑衅。

演讲者若能够学会并掌握上面的四种控场"灭火器"的使用方法，也能够实现完美控场，维护自身的形象。

⑤ 解决听众的刁钻问题

听众是演讲者的衣食父母，这些衣食父母常常会提出一些"刁钻问题"，这些问题通常都是一些难以回答的问题。有人问："演讲者万一给不出听众想要的答案该怎么办？"现实中，办法有很多。

金星与孟非都是著名的节目主持人，其中金星以"毒舌"而著称。有一年，孟非参加金星主持的《金星秀》。金星问了孟非一个非常刁钻的问题：听说你的语文成绩接近高考状元的，但是其他科目的成绩加起来都不到100分？面对这样的问题，孟非的回答是：并不是其他科目的成绩加起来不到100分，而是数理化三门加起来不到100分，逼近100分。孟非回答之后，现场观众笑声一片。孟非采取的一种方法是：直面应对。

还是《金星秀》中，孟非被主持人沈楠问了一个刁钻问题：我想红，但金星太红，我想把她给撬走，您能给我支个招儿吗？孟非的回答是：这个事儿你给我点时间，我现在还坐在人家地头上呢，你考虑一下实际情况，我们专门拿出时间来解决这个问题。这个回答也是非常巧妙的，没有留下任何话柄。这种回答方式是：巧妙避开犀利问题。

有些问题看上去刁钻、令人尴尬，也可能是听众在来演讲现场之前早就做好了功课。听众提出刁钻问题的原因大概有三种：第一种，听众想要揭短；第二种，听众只是为了求证；第三种，听众质疑演讲内容。针对质疑的解决办法，我们在前文已经做了简单介绍。面对"揭短"式的刁钻问题，演讲者完全可以选择孟非这种"直面应对"的方式。如果"揭短"的刁钻问题的内容是真的，演讲者就勇敢一点"顺水推舟"即可。曾经有一个著名的演讲者在演讲现场被听众提问："××先生，我想问您一个问题。听说您前一阵子离婚了？是真的吗？"这位演讲者说："既然您已经做过功课了，我也不能瞒您……离婚是一件痛苦的事情，做出这样的选择是非常'无奈'的。"这个回答也满足了听众的好奇心，更多的听众则为他的这种勇气鼓掌。家家都有一本难念的经，谁家没有呢？

还有一些演讲者会被问一些非常尴尬又难以回答的问题，这些问题究竟需要回答吗？有一位节目主持人说："有一些问题是没有'答案'的，这样的问题也就不需要进行回答，采取一种'回避'的方式即可。"有一位客户经理与某客户进行谈判，这位客户问客户经理："听说你们的公司老总作风不正，有没有这种事？"其实客户知道对方公司老总曾经有一件闹得沸沸扬扬的事情，他只想用这种调侃的方式挖苦客户经理。客户经理心里清楚，如果他说有，就会把"老板的坏名声"再一次张扬出去，对自己、老板和企业都不好，因此他选择了第二种方式："实在对不起，我来这家公司比较晚，可能孤陋寡闻了。"这样的回答不仅挽回了老板的面子，而那位客户也不再继续求证，话题重新回到了谈判上。

乐嘉是著名的演讲者，而郭德纲是著名的相声演员。在《今夜有戏》的一期节目上，郭德纲竟然问了乐嘉一个极其刁钻又暗含"陷阱"的问题：有人说《非诚勿扰》是一个娱乐性的节目，而乐嘉就是这个节目里用来娱乐大众的一个工具。对此，你有何感想？这是一个非常难以回答的问题。那么，"聪明绝顶"的乐嘉是如何回答的呢？他的答案是：如果你能够乐意被一群人当成一个很棒的工具去使用的话，那证明你具备足够的价值。你没价值，别人还不会把你当成工具用呢！这个回答非常机智，也把现场观众逗乐了。面对刁钻的问题，还可以采取一种"借题发挥"的方式。这种方式适用于那一类略带"嘲讽"的问题，演讲者用一种略带"自嘲"的方式去应对，也可以迎刃而解。

回答刁钻问题的五种技巧：①直接式回答，即对问题进行直接简洁的回复；②描述式回答，即对问题进行具体的描述性回复；③附和式回答，即肯定听众所提的问题；④拒绝式回答，即避开听众所提的问题；⑤反问式回答，即将问题交给提问者。

俗话说："遇到问题不要怕！"只要演讲者找到一种处理刁钻问题的方法，就可以变被动为主动，实现演讲台上的大逆转。

第十五章　完美的收场白

1

压轴需要一句 "精彩的话"

不管是演讲还是晚会，不管是讲课还是演唱会，压轴都是一件大事。看过春晚的朋友们都知道，春晚最后的出场歌曲是《难忘今宵》。《难忘今宵》是一首经典歌曲，不仅能够体现"除旧迎新"的理念，还能够给整台晚会完美收官。看过演唱会的朋友们也知道，许多歌手都会把自己最拿手、最出名的曲目放在后面进行压轴。可以说，压轴是整个节目的大餐，也是最后一道大餐。

什么是压轴呢？《辞海》中是这样解释的："压轴是戏曲术语。指一台折子戏演出中的倒数第二个剧目。由于最末一个剧目称大轴而得名。"不管如何，压轴相当于"最后一哆嗦"，"哆嗦"得好，也就能够完美收尾。对于一名演讲者而言，同样也需要精彩压轴。

马云是一名优秀的企业家，也是一名演讲家。除了做生意和构建商业宏图之外，马云的口才十分了得，且"金句"不断。他曾经在阿里巴巴年会上有一场非常有名的演讲，演讲内容可谓干货满满。讲完了主要内容，他用了一句精彩的句子收尾："可以失去一切，不能失去理想。"如今，许多人也把这句话当成了座右铭。有个年轻人说过：

"金钱、物质都可以失去，唯独不能失去精神信仰，没有精神信仰的人就是行尸走肉。"马云的每一场演讲，他的压轴大菜都会有一句或者几句金句。

美国黑人民权运动领袖马丁·路德·金有一个著名的演讲叫《我有一个梦想》，在这一场演讲中，马丁·路德·金同样使用了有力量的句子来压轴："这就是我们的希望，我怀着这种信念回到南方。有了这个信念，我们将能从绝望之巅劈出一块希望之石。有了这个信念，我们将能把这个国家刺耳争吵的声音，变成一支洋溢手足之情的优美交响曲。有了这个信念，我们将能一起工作，一起祈祷，一起斗争，一起坐牢，一起维护自由；因为我们知道，终有一天，我们是会自由的。"这段话也是对《我有一个梦想》的总结，甚至是对整个演讲主题的升华。大家不难看出，这一段话非常有力量，甚至体现了"生命诚可贵，爱情价更高；若为自由故，二者皆可抛"的那种霸气与力量。许多人可能会忘了"梦"里面的细节，却可以记住争取自由、维护自由的那种精神力量。

丘吉尔的铁幕演讲也是如出一辙。众所周知，丘吉尔的铁幕演讲也拉开了"冷战"的序幕，因此有非常强大的政治目的。铁幕演讲中，丘吉尔开篇就进入了主题，然后用大量的具有政治针对性的语言，演讲结束前不忘用一段精彩的有分量的话语进行总结，并再次强调演讲主题，他是这样说的："请不要把不列颠帝国和联邦的坚持的能力加以低估。……如果在美国的人口之外，再加上英语联邦的人口，再加上这种合作关系所涉及的在空中、海上、科学和工业各方面的合作，那就不会出现不稳定的、靠不住的力量均衡，致使野心家和冒险家情不自禁。……倘若英国所有道义上、物质上的力量和信念，都同你们的力量和信念兄弟般地联合在一起，那么，就将不仅为我们、为我们的时代，而且也将为所有的人，为未来的世纪，带来一个广阔的前程，这是明确无疑的。"很显然，这段话带有一种强烈的政治家的口吻，而这段话也再次声明了丘吉尔做这次演讲的政治目的，即联合西方对抗苏联等国家。

对于演讲者而言，在打磨讲演稿的时候，就需要特别重视压轴所使用的语句。通常来讲，压轴金句具备以下三个特点：第一，具有"总结"的特点。压轴就是要"合乎"主题，紧扣主题，提升主题。第二，具有"力量"的特点。如马云、丘吉尔等人的演讲，他们的"压轴"语句都极其有力量，这种力量能够提升演讲的高度。第三，具有"易记"的特点。压轴大戏一定要选择简单的、容易记住的话，而不是一段特别晦涩难懂的话。如果演讲者能够选择一个有力量、容易记、具有总结性的金句，将会帮助他实现压轴式控场。

2

八种常见的收场技巧

压轴很重要，压轴语言足够精彩就能点亮整场演讲。收场也是如此。既然前面我们强调了开场的作用，收场也有其意义。中国人有个传统叫"善始善终。"那么演讲者该如何"收场"呢？

收场，我们也可以把它比作"丰收"后的最后工作，通常来讲，辛苦一年的农民将成熟的庄稼收割，并将庄稼脱粒晾晒，晾晒工作结束后，也就进入"收场"阶段了。收场的两个重要工作：第一，归纳整理。农民们将所有晾晒的庄稼打扫并装入麻袋里，过秤记录标号。第二，颗粒归仓。农民将装入麻袋的粮食有序收进粮仓里。对于演讲者而言，收场就是给在场听众留下最后一次"完美"印象。常见的"收场"技巧有以下八种。

一、归纳总结收场

这是一种非常稳妥的收场方式，回顾并总结全场演讲的内容和主题，然后再对主题进行一下升华。有一位保险公司的讲师，他提出"讲课"三件套：开场破冰、过程稳妥、收场总结。凭借讲课"三件套"，他每天奔波在全国各个保险网点的讲台上。总结并不是老调重弹，总结也有很多种方式。为什么有些人总结得好听，而有些人则总结得难听呢？总结也是一门艺术，因此也需要演讲者闲暇之余多研究"总结"。

这种收场方法的关键在于：重申演讲要点，加深听众记忆。一定要抓住重点，忌泛泛而谈，这种方法比较适合告知类的演讲。

二、 动情故事收场

有人问："收场不是很短的时间吗？难道还有讲故事的时间？"故事有长有短，一个短小精悍的小故事，或者具有总结升华效果的小故事完全可以让演讲者拿来收场。有一位演讲比赛的冠军在自己的演讲作品《我与儿子》中，他这样收尾："有一个年轻父亲每天都去看自己的父亲，并且给卧床不起的父亲擦身子。后来有一天，年轻父亲带着儿子去澡堂洗澡，六岁的儿子拿起搓澡巾也为年轻的父亲擦背。由此可见，一个父亲的榜样力量是多么重要啊！"通过这样一个小故事，不仅实现了完美收场，而且还给整场演讲画龙点睛。

除了用我们身边的故事之外，还可以用寓言故事收场。有哲理的寓言小故事能使听众在放松之余，加深对演讲内容的理解和记忆。有一次笔者在一个大学里给将要毕业的大学生们演讲《命运掌握在自己手中》这个专题，笔者是这样收场的：一天，一位年轻人手里握着一只小鸟，去问一个年长的智者，他说："你猜猜我手里的这只小鸟，是死的还是活的？"那个年长的智者微笑着看着他说："这只小鸟是死的还是活的，我说了不算，因为这只小鸟的命运掌握在你的手里。如果我说它是死的，你伸开手这只小鸟飞了，它就是活的；如果我说它是活的，你的手使劲一握，它就被弄死了。所以，这只小鸟是死的还是活的，你说了算我说了不算，小鸟的命运终究掌握在你的手里。"是啊，小鸟的命运掌握在你的手里，你自己的命运何尝不是掌握在你自己的手里！这个寓言故事画龙点睛，实现了完美收场。采用寓言小故事收场，必须能让听众从故事中体会出一个道理，并能开放其心态，促使其采取行动。

三、 幽默风趣收场

还有一些演讲者喜欢在演讲结束前讲一个笑话，而笑话也可以起到收场的作用。俗话说，一笑定乾坤。如果一名演讲者在演讲结束之前再让大家笑一下，也是不错的收场方式。有一位演讲者演讲的是《上班族》，演讲的内容与忙碌的上班族有关。众所周知，上班族非常辛苦，为了工作常常身不由己。这位演讲者在收尾的时候讲了一个既幽默又心酸的段子："有一次，我跟我的科长去陪客户，结果我没喝多他喝多了。喝多了之后，他就一下子趴在地上，然后往前爬着走。我本来打算扶他，结果他一句话把我逗乐了，'兄弟，不用扶我。现在我扶着墙走，很安全'。"听众笑场之后便瞬间陷入沉默和思考之中。由此可见，这样的幽默段子产生了很大的提升演讲效果的作用。

四、 精神鼓舞收场

许多人都参加过企业内训会之类的活动，会议上，主持人或者讲师在会议即将结束的时候，会采用一种"精神鼓励"的方式鼓励参与活动的学员，得到鼓励的学员也会受到鼓舞一起喊口号，这样的收场方式也是一种非常好的收场方式。还有一些企业老板在企业演讲的时候，会提出一些振奋人心的口号，这种口号也具有激励作用。有一位企业家在企业年会上收场道："明年我们企业将会实现销售总额 100 亿元，利润 10 亿元，大家有没有信心？"只听场下员工喊出口号："有信心！"然后这位企业家接着说："明年我们企业将会实现全体员工人均收入 8 万元，大家有没有信心？"只听场下员工喊出口号："有信心！"最后这位企业家又说了一句："明年我们企业将会新三板上市，实现企业环境与人文环境最佳结合，大家有没有信心？"只听场下员工喊出口号："有信心！"通过这种方式，这名企业家不但成功收场，而且还收获了人心。

五、 赞美祝愿式收场

结合演讲主题提出希望并祝愿听众，会带给听众乐观美好的感觉。

有一次笔者在一家企业做培训，培训的主题是企业培训师培训（TTT），那天笔者这样收场："今天我们进行了培训师的专业表达技巧训练，探讨了作为企业内部培训师所应掌握的上场与下场、导入与收结、情理交融的表达、提问与应答等方面的技巧，最后，我真诚地祝愿在座的朋友们能不断地提升自我，成为知识面广、适应性强、技能全面、成熟的职业培训师，谢谢各位！"

用这种方式收场时要注意：你的祝愿一定要态度诚恳，发自肺腑。

六、 名言金句收场

引用名人名言收场，能启发听众的思考，提高听众对演讲的认可度。一次笔者在一家行政事业单位，给他们的科级以上的领导干部做培训，专题是"领导干部的职业素养"，最后笔者是这样收场的："我们的老祖先孔子在《论语》里面有这样的一段话，对我们今天在场的干部们会有启发，我把它送给大家共勉，也作为我今天的课程的收尾。孔子说，'君子易事而难说也，说之不以道，不说也，及其使人也，器之；小人难事而易说也，说之虽不以道，说也。及其使人也，求备焉'。希望各位今后无论是在工作中，还是在生活中，要像孔老夫子说的那样，做君子不做小人，这样我们才不愧为人民的公仆！"

注意：引用名人名言时要尊重原话的意思，如不能确定名人的名字，不要捏造，应避开。你可以这样说："我记得一位名人曾经说过"或"我记得有一句名言是这样说的"，等等。

七、 诗文抒情收场

用诗文名句收场，显得优美、动听、自然，却又发人深思。诗文要适合演讲的主题，配以图片或者音乐效果更佳。一次笔者做一个《感恩到永远》的主题演讲，就是用下面这首诗文收场的：

感谢上苍——因为有你赐予灵魂，让我知道生命的真谛；

感谢父母——因为有你生我肉体，养育我长大；

感谢老师——因为有你育我成才，教我做人；

感谢亲人——因为有你才能点亮，这一屋子的温馨；

感谢朋友——因为有你让我看清，镜中的主角；

感谢爱人——因为有你给我温情，生活更添色彩；

感谢对手——因为有你给我压力，我才会时刻追求强大；

感谢四季——因为有你让我呼吸，生命的气息；

感谢万物生灵——因为有你让我感受，世间无尽的快乐；

感谢自己——因为有你的努力，明天将会更加灿烂辉煌；

感谢那些默默付出的人——因为有你，世界才会变得这么美丽！

同时，配上刘欢的那首歌曲《在路上》，效果可以说是非同一般。

八、 歌曲激励收场

运用励志歌曲收场，使听众的情绪再度高涨。关键点是：歌曲要适合演讲的主题，符合听众的层次，勿不伦不类，否则会显得格格不入。给一些大学生演讲、给一些刚踏入职场的年轻员工演讲，都可以用这种方式收场。

如果我们的演讲者能够尝试按照上述八种办法收场，将能够收到意想不到的好效果。另外，收场技巧绝非只有以上八种，大家可以在日常实践活动中多总结，挖掘听众的需求，也就能创新出更多的收场技巧。

收场白更需要真诚

"真诚"是一个放在哪里都绕不开的词。谈恋爱的双方需要真诚，生意伙伴彼此需要真诚，老板真诚对待员工，员工才能真诚回馈老板。记得有一位广东东莞的某 OEM（代工生产）企业老板说："以前是员工为老板打工，现在是老板为员工打工。想要留住员工，仅仅给钱是

186

不够的，还要提供人性化的配套服务。"也就是说，真诚是换取"回馈"的第一要素。有一个演讲者非常"牛气"，虽然他的演讲非常好，但是演讲结束，他喝了一口水就拍拍屁股走人了，连一句"真诚感谢"的话语都没有。当他走下台的瞬间，台下响起了嘘声。有一个听众发表感慨："早知道这位先生这么没有礼貌，我绝对不会买票过来，太令人失望了。"

收场白可能是一段总结陈词，可能是精彩小故事，还可能是幽默结尾，但是最后都要用一句真诚的、感谢的话语进行回馈。许多企业都会召开企业年会。召开企业年会的时候，企业不但会给客户们准备礼品，而且年会结束的时候，还会表达一下对客户的感谢，如某企业年会，主持人的答谢语是："感谢这一年所有的客户对我公司的支持和厚爱，祝大家新的一年里，红运当头，四季发财。"有人说，这些话都是客套话，但是这些"客套话"却不令人讨厌。有一位企业老板说："有客套话总比没有客套话强。"另外，如果一个演讲者确确实实是"真情流露"而说出的感谢词，就会打动听众，完美收场。

尼日利亚作家哈吉·阿布巴卡·伊芒说过一句话："人与人之间，只有真诚相待，才是真正的朋友。谁要是算计朋友，等于自己欺骗自己。"因此，演讲者要把听众当成自己的朋友去对待，而不仅是把听众当成"听我演讲的人"。真诚回馈的方式有很多种，常见方式有以下两种：

一、　鞠躬致谢

鞠躬致谢是最简单的方式，也是一种真诚的方式。有一位著名主持人，每当他主持完节目后，都会站直身子，向观众鞠躬90°。这样的鞠躬不仅是一种礼仪，也是一种真诚的体现。90°的鞠躬，这样的行为也代表了足够的诚意。如果仅仅是点点头，这就不足以表示十足的诚意。企业家袁岳说过一句话："入乡随俗，人鞠躬我躬，人作揖我揖，人问候我问，人握手我握，让人有亲近之感。"入乡随俗也是一种真诚的体现。许多培训师去外地企业培训，去外地培训也需要入乡随俗。企业方以最高规格的礼仪去接待是一种"真诚"，培训师以一个"鞠躬感谢"进行回礼也是一种"真诚"。鞠躬并非只是一个动作，而是一句答谢话。

二、 感谢语

感谢语是最"家常"的话语了，但是感谢语又不同于"客套话"。客套话是不假思索、脱口而出的。换句话说，客套话是一种闭着眼睛也能说的话，没有任何感情。真正的感谢语是带有感情的，而且是由衷的、发自肺腑的、真诚的。如果一个演讲者以"客套话"搪塞听众，听众也会从他的面部表情、肢体动作上发现端倪。有感情的感谢语是肢体、口头语言、表情的统一。另外，过于"常见"的感谢语也不会引起听众的兴趣。就像听众所言："如果你每一年都是这副腔调，恐怕就是一种不真诚。"感谢语可以体现出一种"原创"的味道，体现自己的个性。有一个演讲者在教师节这天进行了一个关于"教师"的演讲，他的感谢语中用了一首诗："略低三毫无胜券，才高二寸有黄金。聪明愚笨师苟教，慧眼灵光辅志凌。不看今朝多雨露，请观遍地寸草芯。所有的教师，您辛苦了! 祝您快乐!"虽然这句感谢词并非"原创"，至少区别于那些家常话和客套话，体现了一种真诚与感激。

除了以上两种真诚的收场白之外，还有许多类型的收场白。有一些文学素养较高的演讲者还会用现场朗诵诗词的方式去感谢大家。还有一位主持人选择的收场白是唱一段感人至深的歌。如果你的收场白能够体现真诚，也就能够实现完美收场了。

4

答谢之外，还要说点儿什么

有人问："除了答谢，还有什么? 难道只有答谢吗?"收场白的方式还有很多，答谢只是其中一种。前面我们讲了几种收场的方式，但是并没有说明"答谢之外"还有什么。有人想到了鞠躬。是啊，有时候答谢与鞠躬是一套组合，答谢在前，鞠躬在后。也就是说，"答谢—鞠躬"是一套礼仪，演讲者完全可以采取这样的方法收场。除此之外，还要说点什么吗？

有些听众认为："答谢本身是一种很枯燥的言辞，还需要一些'锦上添花'的元素去配合答谢。"鞠躬是一种锦上添花的答谢，演讲者还可以寻找其他"锦上添花"的元素。

一、借景抒怀

借景抒怀是一种非常好的方式，这种方式不仅接地气，而且可以根据现场环境抒发情感。有一些演讲者拥有较好的诗词才华，会即兴作诗一首，用一首诗来抒发情怀。人是感情动物，绝大多数的听众也是具有情怀的。如果演讲者的抒怀表现能够感染听众，也就能够烘托现场氛围，在"结束语"的基础上锦上添花。

二、祝福听众

有人问："难道感谢语不就是一种祝福吗？"在笔者看来，感谢语更加侧重"感谢"，而祝福语更加侧重于"祝福"。祝福语是一种能够产生情感共鸣的方式，也是一种进一步拉近与听众距离的方式。有一个演讲者的演讲主题是保健医疗，他的祝福词是这样的："今天我们度过了一个美好的夜晚，而这样的美好是建立在我们身体健康的基础之上的。在此，我也祝福大家身体健康，万事如意。"一个非常简单的祝福语就能够起到锦上添花的作者，而祝福语的效果要好过套路化的答谢语。或者说，演讲者可以将答谢语与祝福语结合在一起。

三、感恩抒情

感恩抒情与借景抒怀又有不同了，感恩抒情侧重于在感恩的基础上进行抒情。有一位演讲者在演讲即将落下帷幕的时候，从口袋里掏出自己写的感恩礼赞："也许我并不能叫出大家的名字，但大家都是我的亲人。也许我无法与每个人生活在一起，但是我会在这里送上一份祝福。也许人生路漫漫，但是亲情、友情、爱情会始终伴随我的左右。时光一去不复返，只要我们懂得珍惜，最好的人、最好的光景就还在眼前，感谢大家！"这一段话也打动了许多在场的听众，使现场升温，也拉近了演讲者与听众的距离。感恩抒情的方式也是非常常见的，原创也行，摘抄也行，如果是应景的，就可以选择这种方式。

四、 表达决心

表达决心有用吗？尤其是"打鸡血中毒"的年代，表达决心仿佛是没有用的。在笔者看来，这种方式也分用在怎样的场合里。有一个企业内部的演讲比赛，获得冠军的演讲者恰恰选择了这样一种方式。为什么呢？演讲比赛的评委是该企业的中高层领导干部，演讲比赛中表达决心也是重要的环节。这位获得冠军的演讲者非常聪明，他这样表达决心："从今天开始，我要制订一个目标，既要有周目标，也要有年目标；从今天开始，我要尝试做一些大胆的事情，不是因为我们缺乏创新，而是我们太过保守；从今天开始严格要求自己，不打马虎眼儿，提升自己的工作效率……"就是这样一段话，竟然有了非常好的效果。从表面上看，表达决心有很明显的功利性，但是这种"功利"作用于听众，或许会激发起听众的"功利心"，从而产生共鸣。另外，演讲者选择一种"随机应变"的方式，也是一种"诚实"的表现。就像某企业家说："如果我给员工的演讲打分，我会选择向我做出承诺的员工。他发誓，我就会提前给他准备好协议，督促他按照协议去完成自己的誓言。"

有人说："锦上添花远不如雪中送炭重要！"锦上添花在程度上不如雪中送炭这么为人所需。但是演讲者不是"卖炭翁"，只要能够在演讲结束前"锦上添花"，就已经成功完成演讲了。

5

演讲收尾的禁忌

　　演讲是一项较为"严肃"的工作，无论如何，演讲者都要尊重这个舞台，给舞台、听众、评委以尊重。除了尊重舞台之外，演讲者在收场的时候，还要避免一些失误，或者绕开一些禁忌。只有这样，演讲者才能够实现完美收场。

　　有一个演讲者在某大学进行演讲，观看演讲的是该大学的学生和老师。这个人演讲的题目是"绿色出行"。前面的演讲呈现出来的效果非常好，甚至到收场之前都没有出错。收场的时候，他向广大听众鞠躬致谢。按照常规做法，鞠躬致谢结束后，演讲也就结束了。但是这位演讲者仿佛话还没有说完，竟然又拿起了话筒："同学们，老师们。绿色出行是利国利民的，骑自行车出门还可以锻炼身体。我坚持这样的生活已经三年，身体与心灵都发生了变化。"

　　虽然这段"补充"没有太大问题，但是听众仿佛并不买账。有一位学生说："为什么不把这段话放进演讲正文中呢？既然都鞠躬致谢了，为什么不下台？"还有一位老师则认为："这段话完全是没有必要的。既然大家已经听了20分钟的演讲了，都已经对绿色生活有所了解。"总之，这段话完全是多余的。而这位演讲者是这样解释的："当时我觉得我有些话还需要补充一下……但是这些话是否需要补充，当时我也很纠结。现在看来，这段补充是完全没有必要的，纯属画蛇添足。"

　　演讲者需要了解演讲收尾的禁忌，才能在实践中避开这些雷区。

191

一、 画蛇添足

画蛇添足是最常见的一种禁忌，尤其讲师、企业领导等常会犯这种错误。有一位企业家在企业年会上发表讲话，内容已经讲得非常丰满了。讲话即将结束的时候，这位企业家话锋一转，突然开始讲与"展望"无关的企业管理精神，让所有在场者都摸不着头脑。有一位参加企业年会的客户说："为什么突然讲与主题无关的内容呢？而且还故意放在最后面！"画蛇添足的方式、类型有很多。有些人是添加了一些与主题无关的内容；还有一些人则是当断不断、邋邋遢遢。演讲者想要成功收尾，就需要干干净净、当断则断，给听众一种"爽快感"。

二、 敷衍了事

敷衍了事也是一种大忌。前面我们讲到"真诚"二字，真诚就是消灭敷衍的"利器"。凡事都要真诚，不真诚就是虚情假意。有一个演讲者，演讲即将结束的时候，竟然选择这样一种收场方式：喝水。他喝了一口水，然后对听众们说："就这样吧！"说完这句话，就下台了。下台之后，台下听众有些失望。还有一些演讲者虽然也有"祝福语"，但是选择的"祝福语"都是一些客套话。他们在呈现"祝福"的时候面无表情，仿佛想要马上回家一样。演讲者千万不要采取这种搪塞听众的态度，敷衍等同于伤害。另外，敷衍了事也是对舞台和听众的不尊重。

三、 言辞激烈

还有一些演讲者，喜欢用激烈的言辞去收尾。有一个年轻演讲者，他演讲的内容有关"环保"。收尾的时候，他突然提高声调问台下听众："我想问大家，如果你们遇到不讲文明的、污染环境的行为，你们会及时阻止吗？"此时台下有个人说："这不是有相关部门会去负责吗？"年轻演讲者伸出手指左右摆了摆，言辞激烈地说道："我们绝不能做旁观者，一定要为我们的生存环境争取利益。不要太自私哦！"这样的收尾方式虽然提升了"主题"，但是却令许多听众不舒服。有一名听众后来质疑道："他太把自己当回事了，难道'己所不欲，勿施于人'的道理他不懂吗？任何事情都要商量着来。"总之，言辞激烈式的收尾方式会给听众不好的印象，要避免使用这种收尾方式。

　　除了上面三项禁忌之外，还有一些禁忌需要注意。切忌使用太过轻浮的语言去收尾，演讲台是一个严肃的地方；千万不要使用侮辱性的语言去结尾，无论是什么主题，都要避免使用侮辱性词语；切忌陈词滥调，陈词滥调给听众一种厌倦感；切忌盲目自大式的宣言，口号式的结尾方式只适用于"领导对员工""上对下"的演讲或者宣讲会。